ADMINISTRADOR

ADMINISTRADOR
UN NUEVO Y AVANZADO PERFIL PROFESIONAL NECESARIO, ACORDE AL MUNDO GLOBALIZADO DE HOY

MTRO. RAFAEL GARCÍA CASTILLO Y CRUZ
Universidad Autónoma Metropolitana

y

DRA. MARÍA LUCRECIA VELIO MEJÍA LÓPEZ
Instituto Tecnológico de Estudios Superiores de Monterrey
México, 2013.

Para realizar pedidos de este libro, contacte con:
Palibrio LLC
1663 Liberty Drive
Suite 200
Bloomington, IN 47403
Gratis desde EE. UU. al 877.407.5847
Gratis desde México al 01.800.288.2243
Gratis desde España al 900.866.949
Desde otro país al +1.812.671.9757
Fax: 01.812.355.1576
ventas@palibrio.com
490347

ÍNDICE

TERCERA PARTE

1. Posee conocimiento experto de las actividades y situación industrial, comercial, financiera, y de servicios, respecto de los países con mayor crecimiento en los últimos años, y respecto del país en que haya de desempeñarse. Así mismo posee conocimiento experto de los recursos naturales, de los mercados, infraestructura y fuerza de trabajo, específicos del país o localidad y su entorno.

2. Tiene capacidad de dirigir eficazmente organismos industriales, comerciales, financieros y de servicios, ya sean públicos, privados o del sector social,

al más alto nivel, en el ámbito nacional e internacional, apoyado en el conocimiento referido en el punto 1.

3. Está capacitado para generar nuevos conocimientos así como para actualizar, validar y desarrollar los existentes, en su disciplina. Está capacitado para impulsar y conducir el desarrollo científico técnico necesario en las corporaciones, para lograr el liderazgo de las mismas.

4. Posee conocimiento experto en lo referente al orden económico, jurídico, político, social y laboral de su país y contexto.

5. Domina las técnicas de negociación y expresión en público.

6. Posee una acentuada formación internacionalista. Domina dos o más idiomas.

7. Conoce y puede servirse ampliamente de los sistemas informáticos.

8. Posee, y se conduce con, elevada conciencia legal, ética, de servicio y de responsabilidad social y ecológica.

9. Posee amplia cultura y practica excelentes relaciones humanas.

10. Es capaz de obtener capital, ingresos y utilidades, así como de aprovecharlos óptimamente.

11. Adquiere la formación y conocimientos referidos mediante licenciatura, especialidades, maestrías, doctorados, y posdoctorados.

PREFACIO

El Mtro. Rafael García Castillo y Cruz nació en la Ciudad de México, cursó la licenciatura en Administración de Empresas en la Facultad de Contaduría y Administración, UNAM, y la Maestría en Ciencias de la Educación en la Universidad del Valle de México. Ha desempeñado diversos puestos en la iniciativa privada y en la administración pública federal y municipal. Fungió como profesor investigador en la Universidad Autónoma Metropolitana en el Departamento de Administración, entre los años 1975 y 2007 en que se jubiló. Hoy proporciona asesoría especializada a instituciones educativas, imparte cursos, conferencias y seminarios, y continúa realizando investigaciones en los campos de la Administración y de la Educación.

Durante el ejercicio docente el Mtro. García Castillo se ha ocupado persistentemente de fortalecer el nivel de participación profesional, social y científica del administrador, a través de aportar bases sólidas para la construcción del conocimiento administrativo y para la formación adecuada de los administradores, bajo una perspectiva realmente científica y socialmente responsable. Al efecto ha publicado diversos trabajos en la revista *Gestión y Estrategia* de la UAM-A, y en la revista *Contaduría y Administración* de la FCA-UNAM, artículos que hoy ofrece al estudioso y al docente de la Administración, con una visión renovada de la disciplina, acorde al mundo <globalizado> y a las nuevas competencias que la sociedad del conocimiento demanda.

La Dra. Lucrecia Velio Mejía López nació en la Ciudad de México, se tituló como Licenciado en Contaduría en la Facultad de Contaduría y Administración de la UNAM, y obtuvo Maestría y Doctorado con especialidad en Relaciones Económicas Internacionales, Ph. D. in Economics, en la Universidad Estatal de Moscú M.V. Lomonosov. Se ha desempeñado en diferentes puestos administrativos y contables en la iniciativa privada, sector público, y en la docencia. Actualmente es catedrática en el Instituto Tecnológico de Estudios Superiores de Monterrey Campus Santa Fe. A petición del Maestro García Castillo, accedió amable y generosamente a revisar y aportar valiosos elementos a la presente obra.

Los autores pensamos, que si bien México tiene problemas en muy diversas áreas, al igual que el mundo, la humanidad o la vida cotidiana, tales problemas representan un nicho de oportunidades para su estudio, comprensión, acciones y propuestas, que son un reto al intelecto, a la conciencia, al deseo de servir, ser mejores y construir un mundo mejor. He aquí nuestra propuesta.

PRIMERA PARTE

ADMINISTRADOR: RENOVACIÓN PROFUNDA DEL CONCEPTO.

INTRODUCCIÓN

Las organizaciones de hoy requieren urgentemente profesionales expertos en la conducción de las mismas al más alto nivel, sin embargo existen problemas no resueltos en cuanto a la identidad de la Administración, mismos que afectan severamente la formación y oportunidades de los profesionales. Nos proponemos que esto cambie. *Lo más grave del caso es que los profesionales de la administración no administran.* Las empresas suelen ser administradas por ingenieros y en la administración pública predominan los abogados. La literatura en administración es escrita por especialistas de otras áreas, excepto de administración. Los profesionales de la administración carecemos de formación científica adecuada y somos desplazados en nuestra propia disciplina por profesionales mejor preparados. Por si fuera poco, y como consecuencia del escaso desarrollo científico de la Administración, existen problemas de gran interés nacional y social cuyo estudio compete a los administradores, pero tales problemas no son atendidos. Hoy representan amplias áreas de oportunidad para el administrador profesional competente.

Un ejemplo de lo mencionado es que México padece un creciente y persistente déficit comercial exterior desde hace más de 60 años. Si bien todas las empresas establecidas en México emplean o comercian maquinaria, refacciones, materiales, productos y servicios extranjeros, sin embargo ¡sólo el 1.4% de las empresas exporta! Y esa porción de empresas exportadoras tiende a disminuir. Esto no es sustentable, hay mucho que hacer al respecto; urgen expertos en Comercio Exterior.

Observamos que el creciente y persistente déficit en el Comercio Exterior ha causado endeudamiento, dependencia, devaluación, lento crecimiento económico, desempleo, crisis recurrentes, y pobreza. El déficit comercial externo de México puede y debe ser remontado si se quiere crecimiento, independencia, empleo, y progreso económico social del país. Los problemas mencionados son áreas de gran oportunidad para el profesional de la Administración mejor preparado.

El estudio de la situación expuesta induce a concluir: El problema de fondo es que el conocimiento administrativo en México se encuentra rezagado en extremo. El estudio científico del comportamiento de empresas y gobiernos es una prioridad, cuyo fin es proporcionar elementos que permitan explicar y pronosticar dicho comportamiento y, sobre todo, conducirlo conforme al interés de la población en general, en el corto y en el largo plazos.

Las instituciones educativas, los docentes y los estudiosos, en las diversas especialidades, tenemos la gran oportunidad y responsabilidad de capacitar y capacitarnos en Investigación y Desarrollo. Hasta hoy la formación al efecto ha sido insuficiente: No se dispone de amplia bibliografía que vincule la Administración con la investigación, y los planes de estudio no incluyen la investigación como parte importante de currículo. El avance en Investigación y Desarrollo permitirá reconocer las debilidades de la profesión, hará posible su fortalecimiento y contribuirá a la ampliación del campo de acción del administrador profesional.

El profesional de la Administración tiene hoy la enorme oportunidad y el reto de modernizar, ampliar y elevar la importancia de su disciplina, para con ello acceder a dirigir organismos públicos y empresariales al más alto nivel local, nacional e internacional.

Competencias en **Investigación y Desarrollo, Comercio Exterior, Cuidado Ambiental, Idiomas** y, sobre todo, una **Formación Internacionalista**, ampliarán drásticamente las oportunidades a las que, con seguridad, los nuevos profesionales de la administración tendrán acceso.

El **Nuevo Perfil del Administrador Profesional** que aquí proponemos, es el camino para que estudiosos, docentes e instituciones educativas puedan actualizar, reorientar y enriquecer la enseñanza-aprendizaje de la Administración, que el país y el avance organizacional, la sociedad del conocimiento y el mundo globalizado actual demandan.

CAPÍTULO 1

ADMINISTRAR SIGNIFICA GOBERNAR, REGIR, DIRIGIR. NO MÁS, NO MENOS.

Introducción.

El problema de la definición de administración no ha sido resuelto y, en consecuencia, existe problema de identidad de esta profesión, toda vez que los intentos de los especialistas lejos de lograr propuestas sólidas y acuerdo al respecto, han propiciado que existan prácticamente tantas definiciones como autores. Las propuestas de definición presentan alguno o algunos de los siguientes problemas:

- Son pobres, imprecisas, incompletas, confusas.
- Son inconsistentes entre sí.
- No ayudan a identificar y precisar el objeto de estudio.
- Señalan lo que **debe ser** la administración, pero no lo que **es** en realidad.
- Definen con características circunstanciales, no con lo esencial.
- Omiten especificar si se refieren a administración pública o de empresas.
- Suponen una sola Administración para gobiernos y empresas.

- Suponen que la Administración de Empresas es sinónima de Administración Privada.
- Plantean la falsa disyuntiva de que la Administración sea "ciencia, técnica o arte".
- Pretenden que el conocimiento y la realidad de la administración son lo mismo.
- Definen el conocimiento administrativo, pero no la realidad a estudiar.
- No respetan el significado usual, vigente y reconocido del lenguaje. Y esta es la clave de la solución, como veremos.

Al final de este capítulo se anexa una muestra de definiciones de autores especializados, en las cuales el lector podrá constatar las deficiencias mencionadas. Lo anterior ha propiciado que los profesionales de la Administración padezcan más confusiones al respecto que el común de las personas, lo cual puede fácilmente probarse preguntando a ellos ¿Qué es la administración? Responderán, en el mejor de los casos, con alguna de las definiciones de los autores especializados, en la cual manifestarán alguna(s) de las deficiencias arriba anotadas.

Superar el problema de la definición es posible mediante lo siguiente:

1°. Revisar los significados registrados por la autoridad lingüística.
2°. Revisar el papel de la administración en la Historia.
3°. Contrastar significados lingüísticos, reflexiones epistemológicas, y el ser real de la administración observable en la Historia, con las definiciones especializadas.

La hipótesis mencionada es plausible si se considera que: Los documentos académicos y científicos requieren del uso correcto y preciso del lenguaje; los trabajos de definición con mayor razón. Naturalmente, los trabajos de definición deben clarificar, precisar y enriquecer vocablos según sea necesario; identificar errores y omisiones, señalarlos y superarlos. Es indispensable hacer un estudio serio de los mismos. Es posible atribuir nuevos significados a los vocablos, incluso crear nuevas palabras si ello se justifica y sustenta; sin embargo, no es aceptable pasar por alto significados lingüísticos académicos, error cometido por los profesionales de la Administración hasta hoy.

Nadie en particular, ni como individuo ni como grupo puede cambiar arbitrariamente significado a las palabras; hacerlo es falsificar, distorsionar el lenguaje. Es la población la que cambia y evoluciona las palabras a través del tiempo, en el uso cotidiano y generalizado. La autoridad lingüística se encarga de registrarlo y reconocerlo. Quien distorsiona el lenguaje empobrece la comunicación, se excluye, se margina, puesto que la población continúa empleando los vocablos en el sentido vigente, ajeno a pretendidos significados que resultan desconocidos, contrarios a expectativa de la población. La hipótesis contraria desembocaría en absurdo manifiesto.

El profesional de la administración ha de ocuparse de comunicar con claridad y precisión de qué manera sirve su disciplina a la sociedad: Para ello sirve la definición de la administración. Se debe considerar que ningún profesional está para servirse a sí mismo. La población incluye a quienes contratan a los administradores, y las definiciones de la administración deben coincidir con las definiciones que los empleadores conocen a través del lenguaje vigente y reconocido por la autoridad lingüística.

Los trabajos de definición deben respetar las normas para definir, una de las cuales es diferenciar lo definido del género próximo, de lo similar. La impresión que produce un profesional que explica con claridad, precisión y congruencia el significado de su especialidad es positiva; la situación contraria evidencia una pobre preparación profesional.

Revisar la administración en la Historia permite percatarnos del ser real para definirlo; mejor aún, propicia transformar ese ser en algo benéfico al conjunto social. Al respecto podemos preguntarnos: ¿Es esencia de la administración la **racionalidad**, la **eficiencia** y la responsabilidad legal, social y ecológica? ¿O es que la administración se ha caracterizado por la bárbara y egoísta búsqueda de ganancia y poder, en detrimento de población y del ambiente?

Finalmente, contrastar significados lingüísticos, reflexiones epistemológicas, ser real, y definiciones de especialistas, permite conclusiones y recomendaciones sólidas para resolver el actual problema de identidad de la administración.

Al final, los trabajos de definición deben ofrecer como resultado lo siguiente:

1. Comunicar qué es la administración, en forma directa, clara, precisa, suficiente, sin lugar a dudas, y con estricto apego al uso correcto del lenguaje.
2. Informar problemas y recomendaciones respecto de la definición.
3. **Contribuir a identificar y precisar el objeto de estudio.**

El presente documento se propone revisar los significados registrados por la autoridad lingüística y analizarlos en el marco de la Epistemología, para la resolución de problemas relativos al estudio de la disciplina. Se desprende, entonces, que el capítulo no es concluyente.

Revisión del significado lingüístico de la palabra administración y conceptos relacionados.

Consultamos el Diccionario de la Lengua Española, 22 diccionarios generales, 6 diccionarios de sinónimos, y 3 enciclopedias; los significados que reportan son coincidentes, por tal motivo se presentan sintetizados, con estricto apego a las fuentes. Las definiciones de diccionarios especializados las agrupamos con las de autores en administración.

Conforme al lenguaje vigente, registrado y reconocido encontramos los siguientes significados:

> *Administrar* significa gobernar, regir, cuidar (no significa llevar contabilidad, papeleo, trámites, nóminas, compras, servicios). Son *sinónimos de administrar*: conducir, dirigir, distribuir, gestionar, guiar, mandar, manejar, tutelar (no son sinónimos de administrar: planear, organizar, coordinar, decidir, controlar).

> *Administrador:* que administra, que gobierna, rige o cuida. *Sinónimos de administrador*: gobernador, rector, regente, gerente, director, intendente, gestor, apoderado, jefe, guía, dirigente, mayordomo, síndico, tutor, curador, encargado.

Administración acción de administrar, acción de gobernar, regir, cuidar// lugar donde el administrador y colaboradores realizan su trabajo// periodo de gobierno// instituciones u órganos de gobierno. *Sinónimos*: conducción, dirección, distribución, gerencia, gestión, gobernación, guía, intendencia, jefatura, manejo, regencia, régimen, tutela.

Especialidades.

Administración pública.

a. *Acción de gobernar* naciones, estados, municipios; acción de dirigir dependencias gubernamentales, organismos y empresas públicas. Actividad gubernamental.
b. *Instituciones gubernamentales*// Poder Ejecutivo.
c. *Profesión* relativa a gobierno// *oficio* relativo a gobernar.
d. *Conocimiento* acerca de los gobiernos (Esta definición no aparece en diccionarios, se propone aquí para actualizarlos).

Son *sinónimos de administración pública*: régimen, gestión, gobierno y *administración*, sin adjetivo.

Administración de Empresas.

a. *Actividad de dirigir* organismos industriales, comerciales, financieros y de servicios, los cuales pueden ser propiedad pública, privada o del sector social (de los trabajadores). Acción de dirigir empresas.
b. *Profesión* del especialista en empresas// *empleo* de quien dirige empresas// *ocupación* u *oficio* de dirigir empresas.
e. *Conocimiento* relativo a empresas (Esta definición no aparece en diccionarios, se propone aquí para actualizarlos).

Los diversos diccionarios generales, incluso los más actualizados, coinciden con la Academia de la Lengua Española, usualmente anacrónica. Las definiciones de los diccionarios especializados se asemejan a las definiciones de autores en administración.

Al consultar la palabra administración en otros idiomas encontramos que es un *cognado*: fonología, escritura y significado muestran similitud y raíces comunes, al menos en: español, inglés, francés, italiano, alemán y portugués. Todo ello revela que la palabra es antigua, y que no existe problema de traducción.

Los significados se complementan, además, con una amplia variedad de sinónimos que no dejan lugar a dudas sobre la *esencia de administrar: el mando*. Con sólo auxiliarnos de las definiciones lingüísticas elementales podemos identificar el trabajo del administrador: gobernar, regir, dirigir. Los conceptos relativos remiten a gobiernos y dirección de empresas, sin lugar a duda.

Conclusión:

Los significados lingüísticos son claros, completos, entendibles, precisos, satisfactorios; notablemente vigentes en el uso generalizado de la población en el español y en otros idiomas.

Podemos afirmar: No existe problema en la definición de la administración y de sus especialidades, conforme al lenguaje formal, vigente y reconocido por la autoridad lingüística.

Reflexiones gnoseológicas sobre la definición de la administración.

1. Es necesario distinguir la administración como elemento de la realidad frente a la Administración como representación teórica.

Una y otra requieren ser definidas. Teoría y práctica de la administración son homónimas: objetos distintos con el mismo nombre; lo mismo sucede con economía y Economía, con medicina y Medicina... ello propicia alguna confusión, la cual no ocurre con agricultura y Agronomía, p. e.

Sin embargo, no debe confundirse *realidad* con *conocimiento*: Por más que el conocimiento representara y reflejara fielmente la realidad --que no lo hace-- realidad y conocimiento son entes distintos, con existencia propia y naturaleza diferente. Tal como pudieran ser dos gotas de agua o dos gemelos idénticos incluso: No son la misma cosa o la misma persona, por más que se parezcan.

Por otra parte, la naturaleza de cada ente es muy diferente:

a) El conocimiento no cambia por sí mismo, depende del ser humano; es limitado, aun cuando hablemos del conocimiento "objetivo, reflejo fiel de la realidad", lo cual es el más reconocido e incuestionable *propósito* de la Ciencia. El conocimiento en todo caso refleja la percepción del Hombre, la cual no siempre es plasmada en medios y condiciones óptimas; es, en alguna medida, representación subjetiva, no del todo fiel, siempre inacabada, incompleta, imperfecta.

b) La realidad, por su parte, es infinita, cambiante, independiente respecto del conocimiento, como lo muestra reiteradamente el estudio del átomo: Aun siendo una ínfima partícula, cada vez se logran nuevos descubrimientos que dan lugar, incluso, a ramas autónomas del saber. Debe definirse e identificarse con precisión la "realidad" de la administración, puesto que el estudioso debe acudir a ella para validar, actualizar y desarrollar el conocimiento; no es factible el aprendizaje y el progreso del conocimiento sin acudir a la realidad, a la práctica, en el contexto temporal e histórico.

El error de creer que realidad y conocimiento son una sola cosa es de consecuencias graves: condena al estudioso a limitarse a los libros, cancela la posibilidad de que acuda a la realidad para actualizar, desarrollar y validar el conocimiento que se le da como algo acabado, incuestionable, irrefutable. En el docente o autor, es dogmatismo, negación de la inteligencia, pretensión inaceptable de *mostrar sólo parcialmente* aquello que *alguien* consideró permisible mostrar. Confundir realidad y conocimiento, algo frecuente en materia de administración, ocasiona se hagan libros de libros, teorías de teorías, mientras la realidad espera pacientemente a ser estudiada.

2. ¿La Administración, ciencia, técnica o arte? Falsa y perjudicial disyuntiva.

Plantear esta cuestión refleja que se pasa por alto que: <ciencia es conocimiento básico> y <técnica conocimiento aplicado>; que toda disciplina requiere indispensablemente de ambos conocimientos. Arte se refiere a la destreza en la ejecución. El conocimiento básico describe, explica, pronostica y generaliza el comportamiento de la realidad; y se aplica a través de desarrollos técnicos. Sin aplicación no llega a ser útil. La técnica sin base científica es primitiva, limitada, anacrónica. El conocimiento científico de la administración habría de describir, explicar, pronosticar y generalizar el comportamiento de empresas y gobiernos; el conocimiento técnico, debería dar pauta para manejarlos.

Naturalmente, el conocimiento técnico se desarrolló a través de la práctica directa, sin apoyo de conocimiento científico, cuando éste no existía, pero aquel conocimiento era pobre y limitado comparado con la poderosa técnica moderna desarrollada a partir de amplios conocimientos científicos.

Postular que la Administración es solamente técnica, propicia que el estudioso permanezca en el pasado, anacrónico, obsoleto, débil profesionalmente: le impide se haga experto conocedor del comportamiento de gobiernos y empresas; impide el progreso de la profesión y de sus miembros. Puede ser error, omisión o pudiera derivarse de la ideología hoy superada que pretende que el conocimiento se puede desarrollar y transmitir como algo abstracto, etéreo, producto sólo del razonamiento, de "inspiración divina" diría Guerrero (1981:55), cosa que fomenta, refuerza, no libertad ni igualdad, sino dependencia y sometimiento educativo, cultural y mental.

Ciertamente el conocimiento de la administración tanto pública como de empresas —el que encontramos en los textos-- suele ser técnico, abstracto; responde la pregunta ¿cómo administrar?, en general, sin referencia suficiente y específica a la realidad, a la situación de países subdesarrollados p. e., los cuales parecen no existir para los autores, pese que para empresarios e inversionistas son importante negocio.

Al revisar textos y planes de estudio se revela que el conocimiento impartido está profundamente mutilado, carece de aquello que es esencial para que el profesional en administración contribuya resolver problemas que le competen: el conocimiento de las necesidades de su país respecto de empresas y gobiernos. Al estudioso le son desconocidos, ajenos, los problemas y necesidades sociales y nacionales; las técnicas de que es provisto, incluso en universidades públicas, no están involucradas con la realidad nacional. Esto es una gran deficiencia, el actual conocimiento de la administración está muy lejos de ser una ciencia: no ha resuelto ni los temas más elementales, como el que nos ocupa.

El conocimiento de la administración que se imparte aún en escuelas superiores, no es realmente científico ni socialmente responsable; es, en el mejor de los casos, técnica instrumental, para servir a empresarios y gobernantes, para finalidades de ganancia y control. Esto puede y debe ser superado.

Lo arriba mencionado tiene profundos vínculos con el problema de la definición y sus consecuencias académico profesionales: la falsa disyuntiva favorece el conformismo con un supuesto conocimiento acabado e inmutable.

Las nuevas generaciones han de cuestionar y desterrar aquella falsa y nociva idea; requieren llegar a desarrollar y dominar un conocimiento administrativo realmente científico y socialmente responsable, base para una tecnología poderosa, moderna, útil para enfrentar los retos de su tiempo y profesión; para servir y servirse mejor, incluso a sí mismos.

3. La esencia de administrar es regir, dirigir, gobernar.

Administración es acción de administrar, *ergo*, acción de regir, mandar, dirigir, gobernar, cuidar. Administrador es el que administra, luego entonces, es el que manda, gobierna, dirige o rige. Ciertamente el administrador es un mandatario: "persona que acepta representar a otra, gestionar o desempeñar uno o más negocios o cargos" (Academia); esto significa que la facultad de mando, la autoridad es conferida, pero no descarta sea propia cuando administra bienes de su propiedad.

Importa resaltar que el administrador, así se encuentre bajo órdenes, tiene por característica esencial y distintiva mando, autoridad, facultad de tomar decisiones, de dirigir, regir, gobernar. Esto es precisamente lo que diferencia al administrador de quien no lo es. La ausencia de aquélla facultad cancela la nominación de administrador, la tarea es cualquier otra cosa menos administración.

Planear, organizar, coordinar, controlar, llevar contabilidad, nóminas, trámites o papeleo, *no equivalen a administrar*: hay quien realiza estas tareas pero no administra, en tanto no gobierne o dirija; *las tareas de planear, organizar, coordinar, controlar, no son la esencia de administrar*, si bien pudiera alegarse que son indispensables.

Si alguien dirige o gobierna, pero por algún motivo no planea, organiza, coordina o controla, lo que hace sigue siendo administración, así sea una "mala administración" (a ojos de alguien), aunque, evidentemente, puede encomendar a *sus auxiliares* esos trabajos, y de hecho así se hace. Pese a lo expuesto, el diccionario del Colegio de Licenciados en Ciencias Políticas y Administración Pública manifiesta:

> "... cuando alguien está desempeñando este tipo de tareas (planeación, organización, integración, dirección y control)... significa que está actuando como administrador."

Lo anterior es una clara violación al significado del lenguaje.

> Por otra parte, Wilburg Jiménez Castro (1988), plantea: "El término administrar está compuesto de **ad** y **ministrare** que significan, conjuntamente, servir", de lo cual deriva que administración significa "actividad cooperativa que tiene el propósito de servir".

Nótese que "actividad cooperativa que tiene el propósito de servir" tiene más de subordinación que de gobernar o dirigir. Esta definición distorsiona el lenguaje y *nada define*, puesto que prácticamente cualquier actividad cabe en ella: asear calzado, servir mesas, cultivar la tierra —así, toda actividad imaginable sería administración--.

Concepciones como las referidas son habituales entre los profesionales de la administración. En general, entre los profesionales de la administración no se considera que el administrador sea un dirigente o gobernante; incluso algunos docentes manifiestan: "No es posible formar dirigentes, los intentos al respecto han fracasado".

En administración pública se insiste en distinguir "administración" y "política". Los estudiosos de la Administración **no** suelen tener propósitos de gobernar o dirigir (como frecuentemente sucede con los estudiosos del Derecho); los estudiosos de administración pública buscan llegar a ser funcionarios.

Así, la crisis de identidad de la administración ha propiciado que los estudiosos de la administración sean formados como auxiliares administrativos y no como verdaderos administradores, es decir, como dirigentes. De ahí que el conocimiento que se les imparte poco tenga que ver con el conocimiento necesario para gobernar, para dirigir.

Con tales antecedentes el resultado obligado es que, en la actualidad, en general, *el profesional en administración no es formado como verdadero administrador* y, en consecuencia, no administra. Eso es exactamente lo que sucede: las empresas son dirigidas por ingenieros y en el sector público predominan abogados, ingenieros y economistas. El profesional en administración ocupa puestos secundarios, medios y auxiliares.

Es poco probable que la situación descrita cambie en el corto plazo: empleadores y sociedad deben buscar otros profesionales para dirigir y gobernar, a menos que el profesional de la administración se capacite por sí mismo. Aquí encontrará una guía para ello.

Así las cosas, resulta que, hoy por hoy, *profesional en administración no es sinónimo de administrador.* Los trabajos de definición deben poner al tanto de esto: Quienes desean contratar o **aspiran a administrar** necesitan saberlo. Y así, acudir a la Ingeniería, Derecho o Economía, carreras que **forman dirigentes, aún sin proponérselo.** No deberíamos descartar que en esas carreras se encuentre conocimiento esencial para administrar. Una posibilidad de corregir los planes de estudio es que sean diseñados por ingenieros, abogados y economistas que ejercen o han ejercido funciones de dirección o gobierno y, mejor aún, que poseen maestría en administración, cosa frecuente.

4. Para administrar es necesario conocer la entidad a gobernar o dirigir.

Quien gobierna o dirige sin ese conocimiento va hacia el fracaso. Para gobernar se requiere conocer la sociedad, sus leyes, fuerzas políticas, economía, contexto internacional e histórico. No basta conocer los gobiernos por dentro ni considerar que todo tiempo han sido y serán como son.

Para dirigir empresas se requiere conocer el funcionamiento de las mismas, en los mercados, contexto legal, laboral, tecnológico, industrial, comercial, financiero, internacional, e histórico: administración y empresas no existen en un vacío, el entorno les determina, condiciona, influye; son también producto de su época y circunstancia.

El conocimiento de la administración tal cual es en la actualidad resulta demasiado elemental, limitado, pobre, insuficiente; ningún político o empresario sobrevive ni progresa sólo con él: El conocimiento profundo de aquello que se pretende gobernar es tan indispensable, tal vez más, que el conocimiento administrativo mismo.

Estas reflexiones han de contribuir a identificar y definir el conocimiento administrativo: ¿Qué es? ¿Qué lo constituye? ¿De qué sirve? ¿A quién sirve? Estas reflexiones deben coadyuvar a la identificación y delimitación del objeto de estudio que, lógicamente, no puede ni debe limitarse a la actividad de administrar.

Un adecuado plan de estudios ha de contemplar que el profesional en administración debe ser conocedor experto en actividad empresarial y gubernamental --en la práctica y devenir histórico--, en el contexto jurídico, político, económico, industrial, tecnológico, comercial.

Lo que aquí hemos señalado debe contribuir a identificar el conocimiento básico en administración, formalizado en la historia correspondiente, en la casuística real, de la cual se identifican tendencias, inferencias, generalizaciones, postulados, hipótesis, teorías, leyes, principios. Este conocimiento básico habría de nutrir la moderna técnica administrativa.

5. Administración como ocupación, oficio y profesión.

Oficio de la administración es la capacidad y habilidad de gobernar o dirigir adquirida en la práctica. En cambio, la profesión se imparte en:

a) *El nivel medio forma técnicos en administración,* lo que corresponde la formación para administrar, se concentra en conocimiento aplicado.

b) *El nivel licenciatura* habría de formar a los profesionales de la administración para contribuir a la comprensión y resolución de problemas que competen a la profesión, además de iniciarlos en el conocimiento metodológico científico. Esto es, reconociendo que la sola capacitación para administrar es, naturalmente, elemental, limitada, propia del nivel escolar medio y que cuatro años son insuficientes. Así, se devela que los estudios de posgrado son irrenunciables.

c) *El nivel maestría* debería fortalecer el dominio del conocimiento básico, aplicado y metodológico, con énfasis en este último para fines de transferencia, enseñanza.

d) *El doctorado* habría de formar y certificar para investigación y desarrollo al más alto nivel (Pallán, 1982).

6. Concepto vigente entre los docentes en administración.

Administrativo Perteneciente o relativo a la administración.
Sinónimos de administrativo: Empleado, productor, funcionario, dependiente, comisionado.

Podemos observar la tendencia generalizada de referir este concepto a órganos, grupos de trabajo y actividades burocráticas, auxiliares (tales como aspectos contables, de servicios de limpieza y mantenimiento), secundarias con relación a las operaciones esenciales de los diversos organismos, ya sean públicos o privados. Con este significado es que concuerdan las definiciones de los docentes y autores especializados en administración; es decir, *se equipara la administración con el más modesto y restringido significado.*

No obstante, la formación del profesional de la administración, por principio, debería estar orientada al más alto nivel de gobierno o dirección, en el ámbito internacional. Cierto plan de estudios podría orientarse solo al nivel medio y ámbito local, pero el título y anexos habrían de precisar esa limitación. Cada nivel debe ser explícito, claro y preciso en lo que ofrece a aspirantes y empleadores. Esto es propósito de los trabajos de definición. Lamentablemente esto aún no se cumple.

Como podremos ver a lo largo de este trabajo, en la actualidad el profesional en administración carece de formación científico metodológica, que junto con el desconocimiento de la realidad del país y la época, provoca —otra vez-- ser desplazado en la producción de innovaciones administrativas, por ingenieros, sociólogos, psicólogos, economistas, físicos, matemáticos... igual que como es desplazado de posiciones directivas y de gobierno. El supuesto profesional de la administración es, en realidad, en la actualidad, y muy lamentablemente, un técnico de nivel escolar medio orientado al trabajo burocrático.

7. Administración pública y administración de empresa, son fenómeno, conocimiento, profesión, distintos.

Algunos profesionales en administración de empresas consideran que "la administración es la misma, lo que cambia es el objeto administrado", asumen que "la administración es sólo una", es "universal".

Los profesionales de la administración pública (Uvalle, 1982) exigen resueltamente diferenciar especialidades; argumentan que la administración pública es institucional, se realiza respecto de la sociedad, su esencia es de carácter político, jurídico y macro económico, orientada al servicio del conjunto; sus responsabilidades son sociales: salud, empleo, vivienda, bienestar, seguridad, servicios públicos, defensa, paz, estabilidad, legislación, justicia, etc. En nada se parece a la administración de empresas, afirman. La administración de empresas se realiza en los organismos industriales, comerciales y de servicios, su esencia es de carácter microeconómico, técnico, operativo, de negocios, su preocupación central es producir, vender, ganar; está orientada al lucro y al beneficio particular. La administración de empresas no suele responsabilizarse, ni con mucho, de problemas y necesidades sociales; menos aún le interesan quienes no tienen para pagar sus servicios empresariales.

Administradores de empresa y propietarios manifiestan "no ser hermanas de la caridad"; el profesional formado en esos valores gobierna sin comprensión ni sensibilidad social, en detrimento de las mayorías, en beneficio de empresarios, sembrando con ello conflicto, inseguridad y quebranto de la paz.

Los administradores públicos tipifican las empresas como privadas; para ellos, pensar que administración pública y administración de empresa emplean el mismo conocimiento, formación y habilidades, es inaceptable. Además, entre administradores de empresa existe divergencia revelada en las especialidades: administración financiera, de personal, de producción, de la comercialización, turística, industrial, de sistemas informáticos, etc. Esto muestra claramente que el objeto administrado determina una diferencia relevante en la administración.

Proponemos que, en tanto no existe acuerdo, es preferible evitar posiciones unilaterales, respetar divergencias, aceptar que la administración pública y la de empresa son fenómeno, conocimiento, profesión, distinto y así definirlas. En consecuencia, debe cuestionarse si el profesional en administración está realmente capacitado para el desempeño indistinto en el sector gubernamental y empresarial, y para qué niveles organizacionales.

8. Administración de empresas y administración privada no son lo mismo.

Existen empresas propiedad de particulares de las cuales se ocupa la administración privada, pero también existen *empresas públicas* propiedad estatal, y *empresas del sector social* propiedad de trabajadores y cooperativistas. Las empresas públicas en los países menos desarrollados suelen ser grandes monopolios, que llenan espacios no atendidos por la iniciativa privada, y son altamente significativas para el desarrollo nacional (Ruiz, 1984), en especial para la empresa privada, en razón de que proveen productos y servicios subsidiados, compran a precios elevados; otorgan préstamos "blandos", y "rescatan" negocios quebrados; las empresas públicas en los países subdesarrollados generalmente operan con pérdidas y son subsidiadas con los impuestos pagados por los contribuyentes.

Es importante identificar que las empresas y organismos públicos, en el capitalismo, existen en apoyo a negocios privados; incluso las instituciones que prestan servicio social, como las universidades, puesto que forman profesionales para las empresas; o las instituciones de salud y seguridad social que procuran mantenimiento a trabajadores y sus familias.

Las empresas del sector social pueden no ser de gran magnitud e importancia económica, pero representan un hecho a estudiar. Son, igual que las empresas públicas, reflejo del *interés de la sociedad* --motivado a veces por excesos y omisiones del empresariado particular-- por darse formas diversas de propiedad empresarial, en uso del derecho incuestionable e inalienable de participar y beneficiarse de la actividad económica.

Importa resaltar la tendencia en el socialismo a sustituir empresas **privadas** con <empresas **públicas** y **de los trabajadores**>, tendencia contraria al neoliberalismo privatizador. El estudio de los tres tipos de empresas revelará profundas diferencias en la administración.

Las empresas públicas y las del sector social son fenómeno actual; no considerarlas mutila el conocimiento y la formación del profesional, no propicia se entere de lo que sucede en la actividad empresarial, de manera integral, objetiva, sin omisiones. Es, entonces, parcialidad, falta de objetividad y precisión académica, ocasionada por anacronismo o por la ideología neoliberal, propulsora de la actividad económica como territorio exclusivo de la iniciativa privada.

Textos y planes de estudio en administración de empresas debieran incluir conocimiento de empresa pública y del sector social o definirse como lo que son: administración de empresa privada. El actual profesional en administración de empresa es formado en administración privada.

9. No existe un conjunto de conocimientos que en rigor pueda denominarse Administración.

Los textos sobre administración, incluso aquéllos que se presentan como de administración general, suelen ocuparse exclusivamente de administración pública, o bien de administración de empresas, no de ambos campos. Más aún, los textos de administración de empresa se ocupan sólo de administración privada: no justifican el nombre que usan ni advierten su especificidad. Algunos centros educativos ofrecen estudios en "Administración", pero se ocupan de administración de empresas, únicamente; no incluyen el estudio de administración pública de manera que justifique seriedad y rigurosidad en el título empleado. Lo mismo sucede con los textos que ostentan ese título: se ocupan únicamente de administración privada.

Lo que aquí mencionamos, desde luego, no favorece la imagen de la profesión: la muestra poco seria, poco rigurosa, superficial, imprecisa, comercial. Los egresados de un plan de estudios en *administración* habrían de estar capacitados para el desempeño profesional indistinto en gobierno y empresas. Sin embargo, un solo conjunto de conocimientos, una profesión, que abarque sector público y empresarial de manera proporcional y equilibrada, aún no existe, no son conocidos.

En consecuencia, puesto que no existen libros ni planes de estudio, no en cantidad considerable al menos, que incluyan las diversas administraciones o las ramas más importantes, podemos afirmar, sin lugar a dudas: No existe un conjunto de conocimientos ni una profesión que en rigor puedan denominarse "Administración".

10. Es necesario precisar de qué administración se habla.

Al hablar de administración de empresa, pública, privada, etc., por elemental rigurosidad en el lenguaje –necesidad ya explicada-- hemos de especificar de qué administración se trata. No es correcto omitir el adjetivo correspondiente. Los profesionales en administración debemos comprometernos con el uso correcto del lenguaje. Si textos o planes de estudio se intitulan administración –sin adjetivo-- deben ocuparse equilibrada e integralmente de las dos especialidades --pública y de empresas-- o simplemente manifestarlo, precisarlo, explicarlo, no ocultarlo, no favorecer engaños ni falsas expectativas; aparentar que se ofrece más de lo que realmente es. En este trabajo nos ocupamos de los diversos campos existentes.

11. Es posible y tal vez deseable el estudio conjunto de administración pública y administración de empresa.

El hecho de que sean distintas especialidades no imposibilita el estudio conjunto de los fenómenos empresarial y gubernamental: que sean distintos no significa que no puedan estudiarse conjuntamente. Es más, al estudiar el *acontecer* gubernamental y empresarial, en la práctica, muestra que existe una intensa interacción entre gobiernos y empresas, especie de simbiosis; de ahí que el estudio conjunto de ambos fenómenos resulte de interés para el profesional; independientemente de que él adopte la especialidad pública o empresarial.

La opción de incluir equilibradamente ambas especialidades aumenta fuertemente la carga académica. Evidentemente cuatro años no son suficientes para formar al profesional de una sola especialidad, menos para formarlo en dos especialidades: *debe revisarse el tiempo de estudios y los niveles factibles de especialización* para una auténtica formación profesional, que garantice a estudiosos y empleadores posibilidad real, si existe, de administrar al más alto nivel en el ámbito internacional, cualesquier tipo de organismo, público o empresarial.

El profesional de la administración no debe conformarse con estudios de licenciatura, es imperativo que continúe con maestría, doctorado, especialidades, diplomados, segundas licenciaturas, maestrías, doctorados y posdoctorados; hacer una vida de estudio si realmente quiere dominar el conocimiento de un objeto amplísimo, complejo, cambiante, de enorme importancia social y económica. No es ocioso señalar que la formación de un Director de Orquesta demanda 17 años de estudios superiores; un administrador debería llegar a ser mucho más preparado que un director de orquesta.

Conclusiones y recomendaciones preliminares.

Los significados lingüísticos son claros, completos, entendibles, precisos, satisfactorios; notablemente vigentes en el uso generalizado de la población, en español y en otros idiomas.

Podemos afirmar: No existe problema en la definición de la administración y de sus especialidades, conforme al lenguaje formal, vigente y reconocido por la autoridad lingüística.

El presente apartado se complementa con los subsecuentes capítulos; por tal motivo las conclusiones y recomendaciones que presentamos a continuación tienen carácter de problemas e hipótesis a resolver:

1. Persiste el problema de definición de la administración, ya que no prevalece acuerdo entre especialistas; de ahí que tampoco exista acuerdo del perfil, campo de trabajo, conocimiento necesario, orientación profesional, e información a empleadores.

2. El problema de la definición es crítico. La palabra administración para la población --y para los profesionales del caso-- significa cosas diferentes. El **profesional en administración** no es lo que la sociedad espera y necesita como administrador; no es realmente administrador, puesto que no está formado para dirigir o gobernar sino para realizar labores burocráticas secundarias.

3. La problemática de la definición ha sido ocasionada por los autores especializados al distorsionar el lenguaje; sus definiciones deben emplearse como muestra del precario desarrollo de la disciplina, muestra de la conveniencia de la duda razonada sobre los textos; indicador de la urgente necesidad de fortalecer la formación científica de los profesionales de la administración.

4. De conformidad con el lenguaje no existe problema de definición de la administración: no es conveniente formular más definiciones.

5. El problema de identidad tiene fuertes repercusiones para la profesión, para sus miembros y los servicios que habrían de prestar a la sociedad. Ha sido grave error subestimarla.

6. Hemos constatado que el problema de la definición puede ser superado al considerar el significado lingüístico de la palabra administración y conceptos relacionados, al observar las reglas de definir, así como al realizar estudios gnoseológico e histórico, para contrastarlos con definiciones de especialistas.

7. La distinción **realidad** versus **representación teórica,** es clave para identificar, definir y estudiar ambas entidades; además, ello servirá para validar, actualizar y desarrollar el conocimiento administrativo.

8. Es necesario definir primero lo objetivo, lo real, y luego definir el conocimiento relativo. Hacerlo a la inversa propicia error. Mejor aún, hacerlo interactivamente.

9. Es un error concebir a la administración sólo como técnica, puesto que en todo caso requiere del conocimiento científico.

10. Revisar el conocimiento administrativo desde la Teoría de la Ciencia permitirá identificar sus características gnoseológicas para definirlo.

11. Conviene, por rigor académico, reconocer que el conocimiento administrativo está lejos de constituir una ciencia y, entonces, se hace necesario definirlo como *conocimiento*, simplemente, no como ciencia.

12. En buen castellano, el concepto <administración>, incluye necesariamente administración pública y de empresas, al no ser seguido de adjetivo que lo limite.

13. El concepto <administración de empresas> incluye, en buena lógica, empresas públicas, privadas y del sector social.

14. Debe reconocerse, por rigor académico, que administración pública y administración de empresa son realidades, conocimientos y profesiones diferentes. Este reconocimiento propiciaría una formación básica realmente general, y propiciaría la especialización en los niveles adecuados.

15. El profesional en Administración actual, no está formado para gobernar o dirigir, sino para realizar labores burocráticas secundarias. Además, no domina las dos especialidades: gubernamental y empresarial. Tampoco existe un conjunto de conocimientos o una profesión que incorpore las dos especialidades.

16. Es necesario precisar de qué administración hablamos: pública, de empresas, privada. No es conveniente omitir el adjetivo correspondiente, salvo que se trate de todas ellas.

17. El profesional en administración actual en México es formado realmente como técnico de nivel escolar medio, no se forma en el conocimiento metodológico científico ni como experto en actividad empresarial o gubernamental, por ello es desplazado de puestos directivos. Y también es desplazado en la generación de conocimientos, por otros especialistas.

18. La sociedad requiere *dirigentes* empresariales y gubernamentales formados expresamente y para el más alto nivel, así como *estudiosos* del comportamiento de empresas y gobiernos que contribuyan a la superación de esas instituciones: tal necesidad **no** está siendo servida por los actuales planes de estudio en administración.

19. El profesional en administración requiere ser formado como dirigente. Si los docentes en administración consideran que no pueden formarlo, la opción es acudir a las carreras de Ingeniería, Derecho y Economía, que muestran capacidad de formar dirigentes aún sin proponérselo.

20. Es posible impulsar la investigación, producción de nuevos conocimientos, actualización y validación de los existentes al desarrollar la Epistemología de la Administración. Al efecto la definición de la disciplina y especialidades son tareas importantes.

Anexo: Muestra de definiciones de autores especializados.

Definiciones de Administración Pública.

1. *Colegio de Licenciados en Ciencias Políticas y Administración Pública (1985).* Es un proceso a través del cual, recursos humanos, naturales y económicos, de espacio y tiempo, --no relacionados entre sí-- se integran en un sistema unitario para el logro de uno o más objetivos... Es el conjunto de operaciones encaminadas a cumplir o hacer cumplir la política pública, la autoridad de un gobierno, tal como está expresada por las autoridades competentes...

2. *Herbert A. Simon. (1968:33).* Administración: actividad de grupos que cooperan para alcanzar objetivos comunes.

3. *Lourdes Ortiz G. (1985:5).* Administración Pública: técnica para lograr la máxima eficiencia en el funcionamiento de un organismo social de orden público.

4. *Marshal Dimock (1967:31).* La administración pública está relacionada con el qué y el cómo del gobierno. El qué es la materia, el *conocimiento técnico* del campo que capacita al administrador para realizar sus tareas. El cómo es *las técnicas* de gerencia, los principios de acuerdo a los cuales los programas cooperativos son realizados con eficacia.

5. *Omar Guerrero (1981:46).* La administración pública es un acto de dirección administrativa del Estado en la sociedad, pero también un acto de dominio político que los pone en relación. La administración pública tiene un carácter político natural... La administración pública es una institución del Estado que, como centro del poder participa en la organización y en el ejercicio del poder de las clases dominantes. Como tal, la administración pública es la administración del Estado, organización pública de las clases dominantes y por tanto, una institución de clase... como institución estatal, la administración pública, al contribuir a la unidad de la sociedad, tutela y sirve a las clases dominadas; tutela y servicio que, en el capitalismo, no tiene como función sino la de reproducir las relaciones de producción.

6. *Pedro Muñoz Amato (1957).* En su sentido más amplio, la administración pública es el gobierno, es decir, todo el conjunto de conducta humana que determina como se distribuye y ejerce la autoridad política.

7. *Pffifner y Presthus (1960:7)*. La administración Pública puede ser definida como la coordinación de esfuerzos individuales y de grupo para realizar la política pública.

8. *Richard Lipsey (s/a)*. Este término amplio incluye todos los organismos autónomos, departamentos ministeriales, y otras organizaciones que pertenecen o están bajo el control directo del gobierno. Incluye instituciones como el banco central, seguridad social, comisiones e instituciones de regulación, el gabinete, la policía, y todos los demás cuerpos mediante los que puede ejercerse control sobre el comportamiento de las empresas y las economías domésticas.

9. *William Willoughby (1947:44)*. Función de administrar realmente la ley tal como es declarada por la rama legislativa e interpretada por la rama judicial del gobierno.

10. *Wilburg Jiménez Castro (1988)*. El término administrar está compuesto de ad y ministrare que significa conjuntamente servir", de lo cual deriva que administración significa "actividad cooperativa que tiene el propósito de servir.

11. *Woodrow Wilson (1887:198)*. Es la parte más evidente del gobierno, es el gobierno en acción; es el ejecutivo, es el que actúa, la dimensión más visible del gobierno y, por supuesto, es tan vieja como el gobierno mismo.

Definiciones de Administración de Empresas.

1. *Agustín Reyes Ponce (1968:27).* Es el conjunto sistemático de reglas para lograr la máxima eficiencia en las formas de estructurar y manejar un organismo social. ... La administración es un proceso muy particular consistente en las actividades de planeación, organización, ejecución y control, desempeñado para determinar y alcanzar los objetivos señalados con el uso (sic) de seres humanos y otros recursos.

2. *American Management Association (s/a).* Es la actividad por la cual se obtienen determinados resultados a través del esfuerzo y la cooperación de otros.

3. *E. F. L. Brech (s/a).* Es un proceso social que lleva consigo la responsabilidad de planear y regular en forma eficiente las operaciones de una empresa, para lograr un propósito dado.

4. *Frederick W. Taylor (1912).* La Administración Científica consiste fundamentalmente en principios generales y determinada filosofía que puede aplicarse de distintas maneras.

5. *George Terry (1981:76).* Consiste en lograr un objetivo predeterminado, mediante el *esfuerzo ajeno*... Es la disciplina que persigue la satisfacción de objetivos organizacionales, contando para ello con una estructura y a través del esfuerzo humano... Es el conjunto sistemático de *reglas* para lograr la *máxima eficiencia* en las formas de estructurar y manejar un organismo social; en dos palabras, es la *técnica de la coordinación*.

6. *Lourdes Ortiz, s/a.* Es la *técnica* que busca lograr resultados de *máxima eficiencia* en la coordinación de las cosas y personas que integran una empresa.

7. *Henry Fayol (1922).* Administración es prever, organizar, dirigir coordinar y controlar.

8. *Isaac Guzmán Valdivia* Es la dirección eficaz de las actividades y la colaboración de otras personas para obtener determinados resultados.

9. *J. D. Mooney (s/a).* Es el arte o la técnica de dirigir e inspirar a los demás, con base en un profundo y claro conocimiento de la naturaleza humana.

10. *José A. Fernández Arena, 1970.* Es una ciencia social que persigue la satisfacción de objetivos institucionales por medio de una estructura y a través del esfuerzo humano coordinado.

11. *Joseph L. Massie, s/a,* Método por el cual un grupo en cooperación dirige sus acciones hacia metas comunes. Este método implica técnicas mediante las cuales un grupo principal de personas (los gerentes) coordinan las actividades de otras.

12. *Koontz y O´Donell s/a.* Dirección de un organismo social, y su efectividad en alcanzar sus objetivos, fundada en la habilidad de conducir a sus integrantes.

13. *Lourdes Munch y José García (1990).* El esfuerzo coordinado de un grupo social para obtener un fin con mayor eficiencia y el menor esfuerzo posibles.

14. *Lourdes Ortiz (1985).* Administración de Empresas: Es la técnica que busca lograr resultados de máxima eficiencia en la coordinación de las cosas y personas que integran una empresa.

15. *Peterson y Plowman (s/a).* Una técnica por medio de la cual determinan, clarifican y realizan los propósitos y objetivos de un grupo humano particular.

16. *Ramón O. Lucas (s/a).* Administración de Empresas: Dirección de negocios y tiene por fin principal la acción, pero refiriéndonos a una acción perfectamente informada, racional y deliberada.

17. *Robert F. Buchele (s/a).* El proceso de trabajar con y a través de otras personas a fin de lograr los objetivos de una organización formal.

18. *Rodas Carpizo (1987:32).* Proceso distintivo que consiste en la planeación, organización, dirección y control que se ejecutan para lograr objetivos mediante el uso (sic) de gente y recursos.

CAPÍTULO 2

ADMINISTRADOR ES EL QUE GOBIERNA, DIRIGE O RIGE: MÉXICO NECESITA DIRIGENTES CON EXCELENTE FORMACIÓN PROFESIONAL Y CIUDADANA.

Introducción.

El propósito central de este capítulo es proponer a los estudiosos de la Administración la adopción de conceptos claros y precisos, conforme al uso correcto del lenguaje, acerca de lo que es un administrador y no conformarse con menos: el país y la sociedad los necesitan. Dichos conceptos habrán de servir para identificar las funciones que competen al administrador y, en consecuencia, identificar la formación y conocimientos que los planes de estudio requieren incluir.

El concepto de administrador no ha sido suficientemente desarrollado y ello afecta los planes de estudio, el acceso competitivo al mercado de trabajo, la posibilidad de evolucionar las organizaciones y el desarrollo del conocimiento correspondiente a la profesión. Los autores especializados no se detienen suficientemente a clarificar el tema. El problema de la definición del administrador deriva del problema existente acerca de la definición de las administraciones.

Otro problema que se observa en cuanto a la formación de administradores es que se les prepara realmente como técnicos y no así como profesionales; en el mejor de los casos se les capacita como "técnicos administrativos", pero no se les capacita para renovar, ampliar y profundizar en el conocimiento administrativo, ni para generar innovaciones respecto a su campo de estudio y trabajo; es decir, se omite lo relativo al conocimiento científico metodológico, aspecto fundamental en las profesiones en general. Esto se refleja en el hecho de que la literatura en administración es obra de otros especialistas, tales como ingenieros, psicólogos, economistas, sociólogos, etc., y no así de administradores. Por lo referido, dedicamos parte del presente escrito al deslinde de los niveles de formación: empírico, técnico, profesional, maestría, doctorado y posdoctorado.

La problemática de las definiciones de la Administración afecta fuertemente las concepciones de lo que es un administrador:

- Los administradores padecen más confusiones respecto de qué es la administración, que otras personas.
- Las expectativas de los estudiosos de la administración tienden a ser equivocadas.
- Las expectativas de los empleadores acerca de los profesionales de la administración no son satisfechas.
- Los profesionales de la administración descuidan temas cuyo conocimiento les compete.
- Los planes de estudio de las diversas instituciones son tan diferentes que sólo coinciden en el nombre.
- Existe un precario desarrollo y un pobre prestigio de la profesión.

Lo importante de lo arriba mencionado es que afecta la formación de los estudiosos y reduce las posibilidades de empleo y posición, lo que se refleja en que los administradores profesionales no administran, no son quienes aportan las innovaciones en las organizaciones, ni son quienes principalmente aportan los conocimientos administrativos; es decir, son desplazados de su campo profesional por otros mejor preparados. Como ya ha sido mencionado, en la administración pública predominan abogados, ingenieros y economistas; las empresas son administradas por ingenieros. Y las aportaciones al conocimiento administrativo son realizadas por ingenieros, psicólogos, sociólogos, economistas.

Pareciera que para conducir la administración pública es preferible estudiar Derecho o Economía, y para administrar empresas conviene cursar alguna Ingeniería. Naturalmente las posiciones directivas no están reservadas a profesión alguna; sin embargo lo que se observa es sintomático de que los administradores profesionales no están siendo formados adecuadamente y, por tanto, están en desventaja respecto de otras especialidades.

Las causas aparentes de la problemática de la definición del administrador, son las mismas que aquejan al problema de la definición de las administraciones: falta de respeto por el lenguaje, inconsistencia y falta de rigor, orientación pragmática y no así científica, falta de fundamentación empírica, y descuido de aspectos académicos fundamentales.

El problema de la definición del administrador es de carácter **epistemológico**; es decir, no tiene que ver con el problema de cómo administrar, o con la explicación del fenómeno de la administración. Tiene que ver con su formación profesional, con la generación de nuevos conocimientos, con la validación y actualización de los existentes, con las necesidades de investigación, docencia y desarrollo del conocimiento administrativo. En el presente trabajo nos referimos principalmente al administrador de empresas y sólo de manera tangencial al administrador público. Nos ubicamos en el México contemporáneo, en el contexto internacional e histórico, en el sistema económico basado en la propiedad privada de las empresas, bajo aguda dependencia de México respecto de los Estados Unidos de Norteamérica.

Enmarcan el presente artículo fundamentos de orden epistemológico, principios acerca de la formulación de conceptos y definiciones, y el respeto al lenguaje, como requerimiento de adecuada comunicación.

Las hipótesis implicadas son las siguientes:

Para definir qué es un administrador resulta más conveniente adoptar definiciones lexicológicas que apoyarse en las definiciones de las administraciones de los especialistas. Del mismo modo es posible precisar qué es un administrador profesional, en contraste con los administradores empírico y técnico. Con todo ello se formula al final del texto una propuesta del **"nuevo y avanzado perfil del administrador profesional competente"**, la cual podrá orientar los objetivos y contenidos de los planes de estudio.

Objetivos Específicos.

1). Llamar la atención respecto de la conveniencia de precisar qué es un administrador profesional competente.
2). Proporcionar elementos para la discusión del caso entre los estudiosos.
3). Promover un consenso que favorezca la adecuada revisión de los planes de estudio de las licenciaturas y posgrados en Administración.
4). Informar a los estudiosos y aspirantes acerca de la problemática vigente en cuanto al estudio de la profesión.

Contar con una definición acerca de qué es un administrador y qué es un administrador profesional competente, es indispensable para: elegir carrera, prestar orientación profesional, elaborar planes de estudio, desarrollar el proceso de enseñanza aprendizaje, contratar administradores, ampliar oportunidades de empleo, identificar los asuntos que compete resolver a la profesión, desarrollar el conocimiento administrativo, y favorecer la independencia científico técnica nacional en el presente ramo del conocimiento.

El desarrollo del capítulo se da a través de los siguientes pasos:

a) Exposición de qué es un administrador, conforme al lenguaje usual vigente.
b) Diferenciación entre administrador, gobernante y empresario, como géneros próximos.
c) Diferenciación entre los administradores empírico, profesional y técnico, en términos del lenguaje vigente.
d) Desarrollo del perfil del administrador profesional competente, en términos de lo antes expuesto y de las características deseables, idealmente, desde un punto de vista académico, laboral y social.

1. ¿Qué es un administrador?

Administrador es el que gobierna o dirige. *Administrador es el que administra* (Academia Española). Son sinónimos de administrador: *Gobernador, rector, regente, gerente, director, ministro, intendente gestor, apoderado, jefe, guía, dirigente, mayordomo, síndico, cuidador, tutor, curador* (según diversos diccionarios de sinónimos).

Administrar significa: *Gobernar, regir*, aplicar (Academia). Son **sinónimos** de administrar: *Dirigir, cuidar, regentar, tutelar, mandar, apoderar.*

La Academia dela Lengua anota **"administrador.** *Que administra. Persona que administra bienes ajenos"*. Lo anterior expresa la posibilidad de que el administrador se ocupe de bienes propios (primera acepción) o bienes ajenos (segunda acepción).

El significado y los sinónimos de la palabra administrador son totalmente vigentes. En la práctica los significados que reconoce la Academia se encuentran en el uso generalizado y cotidiano del lenguaje. Lo anterior se prueba en el hecho de que cuando hablamos de la *administración* de alguna entidad, cualquiera que sea, estamos refiriéndonos, en primera instancia, a su *gobierno o dirección*: El máximo titular de la administración de la Universidad Autónoma Metropolitana es el Rector; el titular de la Administración Federal es el Presidente de la República; el titular de la administración del Distrito Federal es el Jefe de Gobierno; el titular de la administración del Estado de México es el Gobernador; el titular de la administración del Municipio de Atoyac es el Presidente Municipal, llamado también Alcalde o Edil; el titular de la administración de Pemex es el Director General de esa empresa; el titular de la administración de un departamento o área cualesquiera de un organismo es el jefe o gerente de la misma.

Es un hecho que: *existe una gama muy amplia de jerarquías para gobernar o dirigir las instituciones*: Presidentes, vicepresidentes, gobernadores, regentes, ministros, directores, gerentes, jefes, supervisores, etc., donde cada cargo específico tiene su propia connotación pero donde todos ellos administran, es decir, gobiernan, aun cuando en general reportan a instancias superiores. También son, de una u otra manera, subordinados. Pero el rasgo que les es común es el mando, la autoridad; la diferencia precisa jerarquía y facultades[1].

Como es sabido, los órganos máximos de gobierno de una empresa, en el caso de una sociedad por acciones, son los siguientes:

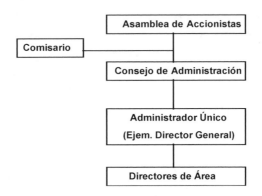

El *Consejo de Administración* se ocupa de la planeación y control estratégico de la empresa. El *"Administrador Único"* (lo cual es una denominación legal) es el responsable ante las instancias superiores y ante las autoridades por los actos de la empresa, por tal motivo debe notificarse oficialmente su nombramiento, incluso en escritura pública, notarial. Con frecuencia los socios mayoritarios, los dueños de las empresas, los empresarios mismos, ocupan la posición de administradores. Los *Directores de Área* colaboran en la administración de la empresa responsabilizándose por un departamento o función específico[2].

Todo lo anterior corrobora el concepto de *administrador* como *dirigente* en los diversos niveles incluyendo mandos medios y menores;

---

[1]   Insistimos en que la propuesta de que "Administración es una función subordinada que tiene el propósito de servir" es una aberración, ya que de ese modo cualquier actividad subordinada puede entrar en ella y, en consecuencia, todo subordinado sería un administrador.

[2]   La Asamblea de Accionistas la integran los socios propietarios de la empresa y o sus representantes; su función es decidir sobre la existencia de la sociedad, inversiones o desinversiones, nuevos negocios o retiro de algunos de ellos, nombrar a los miembros del Consejo de Administración, al Comisario, al *Administrador*, etc.. El Comisario es el responsable de cuidar el patrimonio de la empresa, así como vigilar e informar acerca del cumplimiento de las decisiones de la Asamblea de Accionistas.

así mismo confirma el significado de la palabra *administración* como expresión de *función directiva y de gobierno*. A continuación haremos algunas precisiones.

2. Diferencia entre administrador y empresario.

Aun cuando algunas veces el empresario funge como administrador, el empresario es el propietario de una o más empresas y salvo este caso, el administrador es un empleado, con más o menos facultades, pero siempre con funciones directivas, de gerencia, jefatura o supervisión, sobre el resto del personal, sobre inmuebles, valores o sobre actividades determinadas. El administrador de empresas es colaborador cercano al empresario y para el buen desempeño de su trabajo requiere de un conocimiento muy claro de la visión y necesidades empresariales; la diferencia es la posesión de capital, pero en cuanto a capacitación el administrador profesional requiere poseer los mismos y más conocimientos que el empresario, si quiere ser contratado para sustituirle o colaborar en la administración de las empresas: El profesional de la administración requiere indefectiblemente de una acentuada formación empresarial. Sin embargo, por otro lado el administrador tiene relación estrecha con los trabajadores y la representación sindical, de lo cual depende el buen funcionamiento de la empresa o dependencia gubernamental bajo su cargo. El administrador es *mediador* entre las exigencias de una y otra parte, incluso en casos de conflicto laboral. Como empleado que es, se encuentra sujeto a las exigencias patronales, las cuales le toca representar. Por ello requiere desarrollar sensibilidad, capacidad negociadora y de persuasión, para lograr equilibrio en las relaciones laborales, equilibrio que para ser productivo y estable habría de fincarse en el beneficio equitativo de las partes. Para el administrador resulta necesario el conocimiento del conflicto económico, histórico e ideológico entre patrones y trabajadores, así como conocedor del sindicalismo oficial que funge como contenedor de la inconformidad de los trabajadores.

3. Diferencia entre administrador y gobernante.

Gobernar se relaciona con la conducción de entidades sociales, eventualmente soberanas. Dirigir, en cambio, suele referirse a la conducción de organismos subordinados, en un ámbito interno, ya sean esos organismos gubernamentales o particulares. Gobernar tiende a ser un fenómeno político-jurídico; en tanto que dirigir tiende a ser un fenómeno técnico-burocrático.

El gobernante es en esencia un político; el directivo suele ser un técnico. El gobernante suele acceder al poder por vía de elección; el directivo por vía de designación. Se gobierna a ciudadanos, se dirige a subordinados. El gobernante es un líder que mediante la persuasión obtiene consenso y de ese consenso depende su calificación y permanencia en el poder. Incluso los gobiernos autocráticos requieren buscar el consenso y minimizar el uso de la fuerza, pues esta denota debilidad. *La opinión pública es un poder al que nada resiste.* Napoleón Bonaparte (1769-1821), emperador de Francia.

Se argumenta y desde luego pudiera ser deseable que *el directivo* fuera también un *líder*, pero en la práctica su papel es de autoridad que se hace obedecer y su permanencia depende de sus superiores, de quienes lo designaron; esto le hace ir en contra de los intereses de sus colaboradores y dificulta ser verdadero líder, por más persuasión o "carisma" que pueda emplear.

La palabra *administrador* se encuentra más cercana a *director, gerente o jefe,* que a gobernador, rector o presidente. El título específico de *administrador* suele corresponder a una jerarquía subordinada a otra instancia superior, pero en todo caso jerarquía con funciones de dirección, con autoridad, decisión, mando, responsabilidad. Las pocas personas que no se encuentran subordinadas a instancias superiores son los poseedores de capital; las personas se subordinan al capital. Esto disgusta, pero es la realidad. Los más altos gobernantes *formalmente* se subordinan a la ciudadanía, a las instancias parlamentarias; *en la práctica* se subordinan más a las exigencias del capital, a efecto de obtener beneficios diversos y <atraer inversiones al país>, dicen. Administradores públicos y administradores de empresas se encuentran subordinados al capital.

4. Diferencia entre administrador público y administrador de empresas.

En el sentido vulgar, como ya hemos visto, se considera que la Administración de Empresas es sinónimo de administración privada; sin embargo académicamente esto es un *grave error,* ya que ello propicia que al estudiar las empresas se dejen fuera las que son propiedad pública[3] y las que pertenecen al sector social[4], mismas que tienen gran importancia incluso para que sobrevivan las empresas privadas. Así mismo lo anterior propicia que al estudiar la Administración Pública se omita el estudio de las empresas, de innegable importancia en la actividad gubernamental.

Administración de Empresas no es sinónima de administración privada por la sencilla razón que no todas las empresas son privadas; además la administración de empresas también es asunto de gobierno, tanto por las empresas que son propiedad del Estado, como por la estrecha relación que existe entre la actividad gubernamental y la actividad empresarial.

Para el administrador debe ser claro que existe una intersección (en términos de <conjuntos>) entre la Administración Pública y la Administración de Empresas, y esa intersección es precisamente la administración de empresas públicas. Pero lo más importante es que si la Administración Pública es responsable de la economía nacional, en un nivel general, y las empresas realizan directamente la actividad económica, de ninguna manera puede justificarse que la Administración Pública sea ajena a la Administración de Empresas.

A la Administración de Empresas también interesa enormemente la actividad gubernamental, en la medida que le afecta o le beneficia intensamente. Ambas administraciones no son ajenas la una de la otra. Sin embargo debe distinguirse entre Administración Pública y Administración de Empresas, ya que en cuanto a su naturaleza son muy diferentes: La Administración Pública se ocupa de funciones político sociales, de justicia, etc. y la Administración de Empresas se ocupa de actividades industriales, comerciales, financieras y de servicios.

El *administrador público* es más cercano al gobernante; desempeña funciones directivas en dependencias del Estado, donde una orientación político social de conservación del poder son la clave. El *administrador de empresas* se desempeña en industrias, comercios e instituciones

---

[3]   Ejemplos de empresas públicas son: Comisión Federal de Electricidad, Petróleos Mexicanos, etc.

[4]   *Se entiende por sector social al conjunto de las organizaciones de los trabajadores,* tales como sindicatos, federaciones y confederaciones sindicales, ejidos, cooperativas, etc. Ejemplos de empresas de este sector fueron: el Banco Obrero, el diario Excélsior, Refrescos Pascual, etc.

financieras, algunas de las cuales son del Estado, pero en todo caso su problemática es más de carácter técnico económico.

Ambos sectores prestan *necesariamente* servicios públicos, casi todas las empresas lo hacen, si bien las empresas privadas requieren obtener beneficios económicos para subsistir; las dependencias gubernamentales se financian con impuestos. En todo caso el administrador está obligado a operar con eficiencia económica todo organismo bajo su responsabilidad, es decir, está obligado a una relación adecuada entre recursos empleados y servicios prestados, además de cumplir con la responsabilidad social asignada a la institución.

5. Diferencia entre los administradores empírico profesional y técnico.

Todos administramos, dirigimos, algo: Nuestra actividad personal o profesional, propiedades, etc., pero ello no nos hace administradores en el sentido estricto del vocablo. Lo que llega a hacernos administradores es la práctica especializada y o el estudio respectivo. En otras palabras: El administrador se forma en el ejercicio y en el estudio de la administración. La práctica de la administración se lleva a cabo en muy diversas instituciones: Las Iglesias, el Ejército, los negocios, las empresas, los gobiernos y sus dependencias. En este último caso, como es notorio, nos ocupamos de la administración que se realiza en los gobiernos y las empresas, es decir, nos ocupamos de la Administración Pública y de la Administración de Empresas; o simplemente de "la Administración", para referir a ambas.

El administrador que se forma *solamente* mediante la práctica se denomina administrador *empírico* o administrador *de oficio*. Quien posee estudios en administración es un administrador *técnico* o *profesional*. Precisamente la evolución *de las entidades* a administrar ha derivado en la necesidad de que los administradores sean formados mediante estudios especializados; los administradores empíricos tienden a resultar limitados sobre todo para entidades sofisticadas. En todo caso, hoy día, en México, poseer experiencia en administración es de tanta e incluso mayor importancia que la sola formación profesional.

Cada institución forma a sus administradores por diferentes vías; en algunos casos existe instrucción escolar para quien quiera cursarla, como en los casos de la Administración Pública y la Administración de Empresas. En instituciones como las eclesiásticas y del Ejército la instrucción para su administración es estrictamente interna.

Los administradores de empresas se forman en los niveles técnico y profesional; los administradores públicos se forman sólo en el nivel profesional. Como es sabido el *nivel técnico* se ubica en la *Educación Media Superior*, es decir, posterior a la enseñanza secundaria, o como carrera corta. El *nivel profesional*, la licenciatura, corresponde a la *educación superior o universitaria*.

El nivel técnico se ocupa, en principio, de la capacitación en el *conocimiento aplicado*, pretende básicamente la preparación breve para el trabajo práctico; el nivel técnico es, por sus objetivos generales, más modesto y de menos alcances que los estudios de licenciatura, si bien en la práctica ocasionalmente la superan.

La instrucción avanzada va más allá de la simple capacitación para el trabajo, extendiéndose a la capacitación para desarrollar *innovaciones y nuevos conocimientos*, elementos indispensables para el progreso de la disciplina de que se trate, y el administrador también requiere de tal instrucción avanzada. De ahí que el nivel superior suponga una formación más completa, que incluye tanto el conocimiento aplicado como, adicionalmente, el *conocimiento básico*, necesario para un mejor desempeño del profesional y para el desarrollo de la disciplina.

Los estudios superiores o universitarios suponen, entonces:

- Dominio, en mayor grado, del conocimiento técnico.
- Conocimiento básico de la especialidad, para comprender y explicar con bases científicas el comportamiento de los fenómenos que le competen.
- Capacidad de influir en la transformación e innovación de los fenómenos del caso, como resultado de la comprensión científica de los mismos.
- Capacidad de aportar nuevos conocimientos, derivado de las innovaciones realizadas y de lo conveniente al desarrollo de la disciplina.

En materia de Administración, el conocimiento aplicado y el conocimiento básico corresponden a lo siguiente:

a). El conocimiento aplicado se refiere a *cómo administrar*.

b). El conocimiento básico se refiere a la *situación de empresas y gobiernos*, así como la *comprensión y explicación teórico científica* al respecto.

La formación en el conocimiento básico supone una mayor eficiencia en el manejo de las situaciones, así como la posibilidad de *aportar* innovaciones en el administrar y, consecuentemente, innovaciones en el conocimiento administrativo.

Conjuntando, tenemos que la diferencia entre los administradores empírico, técnico y profesional es, por principio, el nivel de formación:

1. El *administrador empírico* se forma mediante la práctica solamente, y su conocimiento se limita a *su* práctica personal.
2. El *administrador técnico* posee estudios para administrar, y su conocimiento es más general que el del administrador empírico, pero más limitado respecto del administrador profesional.
3. El *administrador profesional*, en principio, domina de manera superior la técnica de administrar y, además, es experto conocedor de la situación de empresas y o gobiernos, la cual puede explicar con bases científicas. Además está capacitado para innovar las organizaciones y producir nuevos conocimientos; es decir, capacitado para contribuir a desarrollar la profesión.

Complementarias al nivel licenciatura, en el nivel superior existen las *maestrías*, orientadas a profundizar el dominio de la disciplina y capacitar para la comunicación del conocimiento; existen los *doctorados* cuya finalidad es, en esencia desarrollar la capacidad de innovación y la producción de nuevos conocimientos.

En consecuencia también es administrador quien posee el conocimiento, profesión u oficio de administrar. En esto la Academia deberá actualizar el significado del término.

Al ampliarse el concepto del administrador se amplía el campo de acción correspondiente. Además de administrar, el administrador profesional puede: a) desempeñarse como docente, b) investigador, c) asesor, d) prestador de servicios de su especialidad, e) escritor y periodista en materia de empresas y gobiernos, etc. Todas estas posibilidades profesionales deben ser tomadas en consideración al diseñar los planes de estudio correspondientes. La diferenciación precisa de los niveles de formación de los administradores servirá para definir con claridad y exactitud los objetivos de cada nivel de instrucción, así como el perfil de conocimientos necesarios al administrador profesional o técnico.

6. Propósitos de la formación de administradores.

Como ya hemos visto, en principio, se forma a los administradores para administrar, para que contribuyan a la evolución de las organizaciones. Hasta ahí llegan las necesidades de las instituciones, las necesidades de los gobiernos y de las empresas, para el caso que nos ocupa. Pero debemos preguntarnos: ¿Los gobiernos y las empresas existen para servirse a sí mismos? ¿La misión de los administradores es servir únicamente a gobiernos y empresas? Definitivamente no.

La sociedad necesita indispensablemente de los gobiernos y de las empresas. Si alguna vez se ha planteado la posibilidad de desaparición del Estado (Marx), lo cual parece cada vez menos factible, la desaparición de las empresas, no es ni remotamente posible. Las empresas son las células económicas de la sociedad y basta el mal funcionamiento de las mismas para ocasionar graves trastornos. No existen otras entidades que sustituyan a las empresas como los instrumentos básicos para el aprovechamiento de los recursos naturales, la organización y aprovechamiento de la fuerza de trabajo, la provisión de productos y servicios para la población, etc.

En las sociedades actuales, tanto el vacío de poder y la ingobernabilidad, así como la reducción o desaparición de las empresas, son señales inequívocas de grave crisis, política, económica y social, que puede desembocar en desastre, guerra civil, y desmembramiento nacional, como sucedió en las repúblicas de la ex Unión Soviética. Estas reflexiones que pueden parecer exageradas son necesarias sin embargo, pues como se ha visto ningún país, por grande que sea, está exento de padecer situaciones de la índole mencionada.

Objetivamente, entonces, la razón de ser y el sustento de gobiernos y empresas es la sociedad. Sin la sociedad perderían sustento, y sin servir a la sociedad no tienen razón alguna para existir. El problema radica entonces en: a) Qué hacen con esas instituciones quienes las administran, y b) Cómo concurre a ello la población y la educación.

El discurso de gobernantes y empresarios, en esencia, gira en torno a que su razón de ser es servir a la sociedad. Pero es inocultable que con demasiada frecuencia se sirven más a sí mismos y no cumplen o no lo hacen suficientemente, con la sociedad. Los ciudadanos y los trabajadores suelen tener una pésima impresión de los gobernantes, de los empresarios, y consecuentemente de los administradores, tanto por razones justificadas como por motivos de desinformación. En todo caso ello deteriora la credibilidad y las posibilidades de obtener cooperación de los ciudadanos y de los trabajadores, algo indispensable para gobiernos y empresas.

Resulta imperativo que la sociedad conozca las posibilidades de superación y aprovechamiento de empresas y gobiernos; así mismo resulta indispensable la colaboración de ciudadanos y trabajadores, y *es aquí donde encontramos las razones y orientación para la formación de los administradores.*

Para el administrador debe ser muy claro que gobiernos y empresas son instituciones de altísimo impacto e importancia social, que requieren ser manejadas y evolucionadas por especialistas competentes, escrupulosos, con gran responsabilidad, legal, ética, compromiso social, ecológico e histórico. Además los administradores requieren ser capaces de convocar al concurso consciente y democrático de los ciudadanos. El manejo deshonesto, arbitrario, inepto o irresponsable de empresas y gobiernos, el ocultamiento de la información, y la negación de la participación ciudadana y de los trabajadores, que tan frecuentemente sucede se traduce en severos daños a la población, a la ecología y al patrimonio social.

Gobernantes y empresarios no son ni pueden considerarse, de ninguna manera, como los únicos interesados en la formación de los administradores y en el desarrollo del conocimiento administrativo; los intereses de la población, de los ciudadanos, de los trabajadores y de los propios estudiosos de la administración han de ser atendidos. Esta es una insoslayable responsabilidad de las instituciones educativas, de los administradores profesionales, de los docentes e investigadores, responsabilidad que es urgente atender.

La formación de administradores, entonces, requiere incluir el interés de la sociedad en su conjunto. Para ello es necesario el estudio científico acerca del comportamiento de empresas y gobiernos, lo cual permitirá identificar principios y leyes que lo rigen, elaborar explicaciones teóricas, así como técnicas y estrategias para su mejor manejo. Este conocimiento debe integrarse al acervo de las Ciencias Sociales y ser público, buscando con ello la comprensión y participación ciudadana para la evolución de empresas y gobiernos en beneficio de la sociedad.

Al formar a los administradores es necesario tener muy en cuenta su situación como subordinados cercanos a empresarios y gobernantes, y de lo delicado que resulta una posición ideológica manifiesta, contraria al sistema capitalista. Sin embargo, no por ello debe caerse en el extremo de la ignorancia e inconsciencia social. Precisamente lo necesario ante tal situación es una posición muy centrada y objetiva, que reconozca tanto las necesidades gubernamentales y empresariales en el sistema capitalista, así como aquellas necesidades de la sociedad, los trabajadores y el medio ambiente; necesidades en el corto y en el largo plazo. La visión mundial aporta realidades sociales muy superiores incluso en el capitalismo, en contraste a la enorme desigualdad social reinante en los países capitalistas tardíos, subdesarrollados dependientes.

En consecuencia, es necesario formar administradores que desde luego sirvan a las empresas y a los gobiernos, pero sobre todo sirvan a la sociedad en su conjunto, con un elevado sentido legal, ético, ecológico e histórico; administradores comprometidos con el desarrollo humanístico y de la ciencia. No hacerlo es contribuir inconsciente e irresponsablemente al deterioro económico, político y social que padecemos.

En resumen, los propósitos de la formación de administradores en el nivel profesional son, que los estudiosos logren capacitarse para:

1°. Administrar.
2°. Evolucionar las empresas y los organismos gubernamentales con el concurso de ciudadanos y trabajadores.
3°. Desarrollar el conocimiento administrativo para beneficio de la sociedad en su conjunto.

A continuación pasaremos a considerar las exigencias de las instituciones empleadoras para, con ello y lo expuesto anteriormente, definir el perfil del administrador profesional competente.

CAPÍTULO 3

EL OBJETO DE ESTUDIO DE LA ADMINISTRACIÓN SON LAS INSTITUCIONES PÚBLICAS Y LAS EMPRESAS EN EL CONTEXTO MUNDIAL E HISTÓRICO

Introducción.

Retomado las conclusiones del capítulo anterior encontramos que los estudiosos de la administración, no suelen ocuparse del estudio de temas epistemológicos; esto pese a que tales temas son indispensables para la identificación del objeto de estudio, de importancia para la enseñanza, aprendizaje, investigación y desarrollo de toda rama del conocimiento. De ahí que en la docencia, especialmente en las unidades de carácter introductorio y metodológico, se carezca de un material necesario. Como consecuencia, el objeto de estudio de la administración no ha sido suficientemente identificado y precisado; los diversos autores se han ocupado de aspectos sin duda de importancia, de aquello que acorde a su juicio lo constituye. Pero la formación profesional de los autores, frecuentemente ajena a la administración ha hecho parcial la visión de los administradores, puesto que los autores en administración son ingenieros, psicólogos, economistas, etc. y se ocupan de lo que su propia profesión ve como parte importante del fenómeno administrativo: máquinas, conductas, mercados, etc.

Característica notoria entre los textos de administración es su *divorcio con la realidad:* No se da cuenta sistemática y suficiente de qué es lo que acontece en cuanto a empresas y gobiernos, y cuáles son los efectos de la actuación de tales entidades respecto de la sociedad, la economía y la ecología; temas de incuestionable incumbencia de los administradores.

El propósito de este apartado es explicar en qué consiste la identificación del objeto de estudio de la administración, cuál es su utilidad, en qué estado se encuentra; proveer material para la enseñanza aprendizaje, promover el interés y la discusión del tema en la comunidad académica, aproximar al estudio del tema.

Nos ocupamos aquí de la administración en general, en consecuencia, enfocamos la administración pública y la administración de empresas, en el ámbito de los países desarrollados y subdesarrollados, de sistema capitalista, en la época actual.

El presente trabajo es de carácter epistemológico; su validación deber remitirse a la contribución para la enseñanza, aprendizaje, investigación y desarrollo de la disciplina. Pero, en tanto que la bibliografía relacionada con la epistemología en administración es inexistente, nos remitimos a la bibliografía respectiva de carácter general, de las ciencias sociales.

Consideramos que es factible avanzar en la identificación y precisión del objeto de estudio de la administración, a partir de clarificar e identificar la utilidad del tema, utilizar el significado lingüístico simple de la palabra *administración;* integrar los elementos que han enfocado los diversos autores, identificar e incluir nuevos temas de interés para los administradores; así como vincular teoría y práctica.

La identificación clara y precisa del objeto de estudio es uno de los importantes cimientos para el desarrollo de toda disciplina, puesto que orienta a los estudiosos en cuanto a la realidad a que se refiere su conocimiento, realidad a la cual pueden remitirse para ampliar, profundizar, actualizar y comprobar la validez de teorías y técnicas disponibles. Sin tal elemento corren riesgo cierto de adoptar conocimientos desactualizados, insuficientes o no válidos; pueden también dejar de lado asuntos que les conciernen y pretender otros fuera de su incumbencia.

El desarrollo en la identificación del objeto de estudio implica, además, profundizar en la estructura del mismo, lo cual da lugar a la identificación de posibilidades y necesidades de especialización, tema de importancia mayor para el fortalecimiento de la profesión y de sus estudiosos. Avanzar en la identificación y precisión del objeto de estudio representa un fundamento necesario para el desarrollo del *método* específico de estudio de la disciplina, lo cual demanda contacto indispensable de los estudiosos con el objeto de estudio, con la práctica.

Concepto de Objeto de Estudio.

Para los efectos de este trabajo, se entiende por objeto de estudio el fenómeno o conjunto de fenómenos cuyo conocimiento, suficientemente desarrollado, da lugar a una ciencia. Todo objeto de estudio se constituye de dos elementos: el *empírico* y el *teórico*. El elemento empírico es *la realidad* que da lugar a determinado conocimiento; el elemento teórico es precisamente *el conocimiento* de esa realidad. Por ejemplo, hipotéticamente, si *las empresas* constituyeran el elemento empírico, *el conocimiento* acerca de las empresas representaría al elemento teórico; las empresas y su conocimiento, *conjuntamente, constituirían el objeto de estudio* de la Administración de Empresas. Se entiende que los estudiosos de una disciplina, para su formación, requieren conocer ambos elementos.

En general, construir o adquirir conocimiento implica una amplia problemática, la cual se refleja en preguntas tales como: ¿Cuál es el objeto que se pretende conocer? ¿Cuáles son los límites de dicho objeto? ¿Qué interacciones existen del objeto con su contexto? ¿Cuáles son las tendencias de cambio del objeto? ¿Cuál es el propósito de conocer ese objeto? ¿Cómo abordar el estudio del objeto? ¿Cómo comprobar la validez del conocimiento obtenido? etc. Las últimas preguntas conciernen al método, pero conviene considerarlas a efecto de establecer la debida correspondencia entre objeto y método.

Es posible y deseable ir más allá de la simple identificación del objeto; p. e. una manera de precisar su identificación sería clasificar las empresas según el sector de la economía al cual pertenecen ~primario, secundario, terciario~, lo cual permitiría especializar el estudio y profundizar en las características que la actividad empresarial específica impone: empresas agrícolas, pecuarias, minero metalúrgicas, extractivas, de transformación; manufactureras, industriales; comerciales, de servicios, banca, educación, comunicaciones, investigación y desarrollo, etc.

Como puede apreciarse, la clasificación cada vez más detallada apoya el descubrimiento de características particulares y generales, así como las interrelaciones entre sectores; esto puede ser parte de la educación básica profesional, además de mostrar oportunidades de especialización.

Es necesario *diferenciar* objeto y propósito **de estudio.**

En general el estudio de las diversas disciplinas suele tener tres propósitos:

1) Ejercer la actividad profesional correspondiente.
2) Resolver los problemas que competen a la profesión.
3) Desarrollar la profesión.

Al revisar el cumplimiento de tales propósitos en cuanto a la administración encontramos preocupantes resultados:

a) Los administradores no administran ~las empresas suelen ser administradas por ingenieros, y en el Estado predominan abogados, ingenieros y economistas~.

b) Importantes problemas concernientes a gobiernos y empresas no son atendidos por textos, planes de estudio ni investigaciones en administración ~como son el persistente déficit comercial externo y la dependencia financiera que los países subdesarrollados padecen desde hace varias décadas ~.

c) Las innovaciones en administración son producidas por profesionales de otras especialidades ~ingenieros, psicólogos, sociólogos, economistas, abogados, etc., y no así por profesionales de la administración~.

La situación referida induce a pensar que los cimientos de la profesión deben ser revisados y fortalecidos; entre ellos:

- El desarrollo de una epistemología específica para la investigación.
- El mejoramiento de la formación científico metodológica de los futuros profesionales.
- El mejoramiento de la identificación y precisión del objeto, propósitos y métodos de estudio.
- Y la vinculación de los estudiosos con la práctica, en el más amplio sentido, es decir, en el contexto histórico mundial.

Necesario distinguir el elemento teórico respecto del elemento empírico.

Debe resaltarse que si bien en una primera aproximación los estudiosos se remiten exclusivamente al elemento teórico, al conocimiento disponible, a los textos, lo cual desde luego es necesario, esto resulta insuficiente e inadecuado para una formación superior, para la cual son indispensables el estudio directo y la interacción con el elemento empírico: *no es posible el aprendizaje sin el contacto del estudioso con la práctica.* Más aún si se trata de trabajo de investigación el cual implica la actualización, validación y desarrollo del conocimiento existente. Permanecer en el estudio del conocimiento elaborado es dar por actual, válido y acabado dicho conocimiento, lo cual conduce al debilitamiento de la profesión y del profesional, a la aceptación de teorías y técnicas inadecuadas o desactualizadas, a la renuncia de conocer la realidad.

Estudiar la realidad es indispensable.

Si bien el conocimiento refleja la realidad, no llega a ser reflejo fiel de la misma, puesto que la realidad es infinita; en consecuencia el conocimiento disponible es siempre una aproximación imperfecta, incompleta y con caducidad; esto derivado del ser cambiante de la realidad. Debe resaltarse el hecho de que la realidad tiene una existencia propia y autónoma, evoluciona independientemente del sujeto cognoscente, del estudioso; en cambio el conocimiento tiene una existencia dependiente: no evoluciona, no se actualiza ni desarrolla por sí mismo, no puede hacerlo si el investigador no lo hace a través de entrar en contacto con la realidad.

Aseverar que conocimiento y realidad son la misma cosa y que al estudioso le basta con dominar la teoría es un grave error, que conduce a la imposibilidad de validar, actualizar y desarrollar dicho conocimiento. Para explicarlo tomemos el ilustrativo ejemplo de la imagen de una persona en el espejo, si bien la imagen pudiera parecer perfecta, no es, de manera alguna, suficiente para conocer a la persona. El conocimiento está muy lejos de la <perfección> de la imagen en el espejo, pudiera semejar más el retrato realizado por un pintor: Por más avanzada que sea la técnica del retratista la obra no puede llegar a reflejar fielmente la persona retratada en todas sus dimensiones; el retrato, además de carecer de profundidad, no refleja la actuación del sujeto; el retrato permanece sin cambios salvo el natural deterioro, mientras la persona retratada crece, cambia, envejece; no es posible conocer a una persona sólo por su retrato. El retrato y el conocimiento son —siempre-- una aproximación a la realidad, en extremo limitados.

El conocimiento surge de la interacción del hombre con la realidad en la práctica, y ha de regresar a ella para comprobarse en la práctica misma; conocimiento que no se vincula con la realidad, resulta limitado. Desde luego que el razonamiento y la especulación juegan importante papel preparatorio en la exploración de la realidad; lo que aquí señalamos es la necesidad de llegar a tal exploración. Pero, más aún, el aprendizaje de la administración requiere que el estudioso entre en contacto con la práctica, en el sentido amplio del término, desde la observación más incluyente, no solo dentro de empresas y del Estado. Esto desde luego no niega la necesidad de acercamiento e interiorización en las organizaciones.

En el caso de la administración nos percatamos que el conocimiento no está debidamente atendido y que, en consecuencia, docentes e investigadores tenemos una excelente oportunidad al estudiar empresas y gobiernos respecto de la sociedad, el ambiente, los recursos naturales y la educación.

La investigación es una tarea interminable.

El ejemplo del estudio del ser humano ayudará a comprender la naturaleza inacabable de la investigación. Aún si se cuenta con modernas y excelentes fotografías en diferentes planos, profundidad, ángulos y acercamientos, microscópicos incluso, no llegan a ser suficientes para conocer plenamente la anatomía, el funcionamiento, la fisiología, la conformación celular, intracelular, y demás elementos susceptibles de ser conocidos. Precisamente el ser humano es objeto de estudio de diversas disciplinas: Desde las ciencias médicas, hasta las ciencias sociales y humanísticas; el mismo objeto es compartido por diversos especialistas, con diferentes propósitos y métodos, y aun así estamos, estaremos siempre, lejos de llegar a un *conocimiento acabado,* estaremos lejos de agotar el estudio del objeto, de conocer al ser humano en toda su magnitud y posibilidades.

Se hace necesario, entonces, continuar en el desarrollo, actualización y validación del conocimiento *de manera permanente.* El caso de la administración no es excepción, por ello necesita desarrollar la identificación y precisión del objeto de estudio, para poder dedicarse con acierto, sin desviaciones, al estudio de la realidad. Esto no ha sido comprendido del todo por los profesionales y docentes en administración, lo que se manifiesta en la escasa investigación y publicaciones, así como en desorientación respecto de los temas susceptibles de investigar.

El conocimiento es infinito.

Un ejemplo ilustrativo lo constituye la Física, la cual a mitad del siglo XX contaba con la Física Atómica, que pronto dio lugar a la Física Nuclear y después la Física Cuántica; *en menos de cincuenta años aparecieron tres profundas y complejas ciencias a partir del estudio de las más pequeñas partículas que podamos imaginar.* La administración pareciera el caso opuesto: Con un enorme objeto de estudio la disciplina parece permanecer atascada en estudios redundantes, con escasa referencia a la realidad; los investigadores hacemos teorías de teorías, libros de libros, mientras una riquísima y compleja realidad espera, pacientemente, por ser estudiada. Importantes problemas de interés para los administradores pasan desapercibidos por textos y planes de estudio, los profesionales de la administración *permanecen en el estudio del elemento teórico,* no nos ocupamos lo suficiente de estudiar e influir en la realidad:

La identificación clara y precisa del elemento empírico de la administración, de la realidad a estudiar, es requisito previo para hacer posible el estudio de la misma. Y debemos señalar que el adoptar una visión estrecha, reduccionista, de la realidad sin ubicarla en un contexto social e histórico, también es insuficiente, puesto que ni las empresas ni el Estado existen en el vacío, y la actuación de esas entidades trasciende la población y su hábitat.

Estado de la identificación del objeto de estudio de la Administración.

El ingeniero Henry Taylor, además de otros autores <clásicos> se ocupó de los *procesos de trabajo, máquinas, herramientas, instalaciones,* y *aspectos organizativos* como objeto de estudio; el rechazo de los trabajadores a estas técnicas mediante el cuestionamiento e incluso sabotaje de las mismas las pusieron en entredicho, e hicieron surgir nuevas propuestas.

Autores de administración de empresas asumen como objeto de estudio el llamado *proceso administrativo* ~desarrollado por el ingeniero Henry Fayol a principios del siglo XX~. Esta corriente omite la interacción de la administración con lo administrado: supone que <la administración es la misma, lo que cambia es lo administrado>.

Elton Mayo y otros autores formados en Sociología señalaron que las teorías clásicas *habían omitido al hombre,* y propusieron como centro de atención *grupos, relaciones informales y liderazgo;* autores con formación básica en Psicología plantearon que *actitudes, motivación y conducta* constituían la esencia de la administración; ambas propuestas dieron origen a la escuela o *Teoría de las Relaciones Humanas,* empleada principalmente en la administración de personal, la cual, sin embargo, erróneamente no concede suficiente importancia a las *relaciones sindicales y el Derecho Laboral.*

Autores formados en ciencias exactas hacen énfasis en *aspectos cuantitativos* y han dado origen a la *Teoría de Decisiones,* e *Investigación de Operaciones,* de gran utilidad pero de estrecho espectro en cuanto al enfoque de problemas sociales, políticos y humanísticos.

La Universidad de Harvard con su método de casos ha enfocado *empresas, gobiernos y países,* lo cual muestra amplias posibilidades de contribuir a la identificación del objeto de estudio... si se consideran las relaciones sociales de producción, las formas de propiedad y el desarrollo de las fuerzas productivas.

Algunos especialistas formados en la Biología y en Ingeniería han propuesto como objeto de estudio *los sistemas;* naturalmente en un concepto tan amplio cabe cualquier cosa, por lo cual pudiera tener posibilidades, pero para efectos de estudio de la administración habría de considerar aspectos socio-económicos, políticos y jurídicos.

Los administradores públicos, desde Maquiavelo, se han ocupado *del poder,* del gobernante; más adelante del *poder político social y sus instituciones;* algunos consideran que sólo el *Poder Ejecutivo* ejerce funciones de gobierno, otros consideran que es el *Estado;* otros hacen énfasis en la separación de política y administración, atribuyéndole a ésta aspectos meramente auxiliares.

El *sistema jurídico* ha sido contemplado como objeto de estudio por los abogados autores en administración pública, ya que formaliza, legitima y da vigencia a las instituciones representativas del poder social.

Los economistas enfatizan *mercado, costo beneficio y utilidad marginal;* la Economía Política (poco estudiada por los administradores) hace énfasis en el *proceso de producción, distribución, cambio y consumo,* en los diversos modos de producción determinados por las formas de propiedad, las relaciones sociales de producción y el desarrollo de las fuerzas productivas.

Algunos autores más proponen *las organizaciones* como objeto de estudio y, aceptando la influencia de lo administrado sobre la administración, diferencian las áreas funcionales: finanzas, comercialización, producción y personal, pero omiten diferenciar las organizaciones públicas y empresariales. Dejan fuera el contexto con que interactúan las organizaciones, y omiten la función de investigación y desarrollo, punta de lanza de empresas y países líderes.

En los años ochenta *la calidad* ha sido el punto de referencia de las teorías en boga, cosa que ha obligado a ampliar el concepto. Las posibilidades de la *Teoría de la Calidad* se ven limitadas al dejar fuera el estudio de la naturaleza del sistema económico social que da vigencia al sistema de lucro y libre mercado, así como las consecuencias y limitaciones que tal sistema impone a personas, empresas, gobierno y administración.

En el presente siglo XXI es observable una *tendencia ecléctica* en la consideración del objeto de estudio, manifiesta en la incorporación en menor o mayor medida de aspectos propuestos por los autores pretéritos; sin embargo *no existen estudios epistemológicos* para darles la solidez metodológica necesaria.

Las teorías de la administración proliferan de tal modo que existe tendencia a menospreciarlas y señalarlas como simples *modas,* en alusión a una escasa seriedad y corta vida. Naturalmente, cada nueva teoría señala las deficiencias de las antecesoras y se propone como *panacea* poseedora de la *verdad científica.* Esto ha derivado en una generalizada pérdida de confianza en los autores, lo cual es justificado, puesto que con frecuencia se trata de propuestas con fines de promover servicios de consultoría.

Impacto de las definiciones de la administración en la identificación del Objeto de Estudio.

Definiciones semánticas.

Para avanzar en la identificación del objeto de estudio, es necesario regresar al problema de la definición de las administraciones. Como ya se ha dicho, desde un punto de vista meramente lingüístico saber qué es la administración es sencillo; las referencias que proporcionan los diccionarios y la Academia de la Lengua Española son las siguientes:

Administrar significa **gobernar, regir, cuidar.** Son sinónimos de administrar: dirigir, mandar, tutelar, conducir, presidir, regentar, supervisar, comandar.

En fin, toda acción que signifique gobierno, ejercicio de autoridad, mando, poder.

Administrador es el **que administra.** Son sinónimos de administrador: gobernador, rector, director, regente, presidente, jefe, gerente, supervisor, intendente, comandante, ministro, gestor, tutor, etc.

Es decir, todo aquel que ejerce autoridad, control, mando.

Administración significa **acción de administrar.** Son sinónimos de administración: gobierno, gestión, dirección, intendencia, presidencia, mandato, gerencia.

Otros significados semánticos de administración son:

* Conjunto de conocimientos relativos al gobierno y las empresas
* Empleo profesión u oficio del que gobierna o colabora en el gobierno, o en la dirección de empresas.
* Órgano de gobierno o dirección.
* Conjunto de instituciones de gobierno, especialmente el poder ejecutivo
* Lugar desde donde se gobierna.

Concepto jurídico de <administrador>. Para efectos legales el administrador es responsable de los actos del organismo a su cargo, en tanto que es la figura central que ejerce autoridad y control. En México el *administrador* es nombrado por los propietarios o la asamblea de accionistas, por el consejo de administración o el órgano responsable superior. Desde luego que el propietario de una empresa puede ser a la vez directamente el administrador de la misma; el nombramiento ha de ser realizado ante notario y ante el Registro Público de la Propiedad y del Comercio (hoy denominado Instituto Registral de la Propiedad).

Muestra de definiciones de los autores especializados en Administración en relación con la identificación del Objeto de Estudio.

Existen prácticamente tantas definiciones como autores, como podrá observarse:

> *Marshal Dimock* (s/a): "La administración pública está relacionada con el qué y el cómo del gobierno. El qué es la materia, el conocimiento técnico del campo que capacita al administrador para realizar sus tareas. El cómo son las técnicas de gerencia, los principios de acuerdo a los cuales los programas cooperativos son realizados con eficacia".

Nótese que para este autor toda la administración pública es *conocimiento técnico*, técnicas de gerencia, no hay más.

> *Herbert A. Simon* (1968). Administración: actividad de grupos que cooperan para alcanzar objetivos comunes.

Para este autor administración es sinónima de cooperación, la cual desde el punto de vista del lenguaje no es acertada.

> *Pedro Muñoz Amato* (1957). En su sentido más amplio, la administración pública es el gobierno, es decir, todo el conjunto de conducta humana que determina como se distribuye y ejerce la autoridad política.

Acierta en referir la administración pública como gobierno; no enriquece el concepto e introduce elementos que lo hacen confuso: ¿qué debemos entender por conjunto de conducta humana?

> *Richard Lipsey* (s/a): "Este término amplio incluye todos los organismos autónomos, departamentos ministeriales, y otras organizaciones que pertenecen o están bajo el control directo del gobierno. Incluye instituciones como el banco central, seguridad social, comisiones e instituciones de regulación, el gabinete, la policía, y todos los demás cuerpos mediante los que puede ejercerse control sobre

el comportamiento de las empresas y las economías domésticas."

En síntesis: conjunto de instituciones del Estado. Incompleta, no aporta elementos nuevos.

Lourdes Ortiz G. (1985). Administración Pública (es) la técnica para lograr la máxima eficiencia en el funcionamiento de un organismo social de orden público.

La administración pública es solo técnica, no existe fenómeno de la realidad al que referirse.

Frederick Winslow Taylor. "... la Administración Científica consiste fundamentalmente en principios generales y determinada filosofía que puede aplicarse de distintas maneras".

Al considerar a Taylor "padre de la administración" se alude, implícitamente, a *la administración como elemento teórico*, puesto que, es evidente, el fenómeno como parte de la realidad existe desde que aparece el trabajo subordinado y los gobiernos primitivos, desde que aparece dominación de unos sobre otros. Considerar que la administración aparece con Taylor o con la Revolución Industrial es dar preeminencia a lo abstracto, a lo imaginario sobre lo real, lo que trae como consecuencia "que lo imaginario parezca real y lo real imaginario"; propicia la creencia de que el elemento teórico y el elemento empírico son una sola cosa.

Sin embargo, nótese que Taylor alude a la realidad cuando dice: "...hasta ahora la administración ha sido a ojo de buen cubero..."; desde luego se refiere a la dirección de los grupos de trabajo; Taylor tenía claro que administrar significa dirigir, en cambio cuando habla de "principios generales y determinada filosofía", se ocupa del objeto teórico, de los conocimientos y prescripciones acerca de dirigir. Propone "administrar científicamente", lo que supone aplicar los mencionados "principios generales y determinada filosofía". Ello desde luego es un abuso del vocablo <científicamente>, para promocionar la técnica del autor, en función del endiosamiento de la ciencia (hacer de la ciencia un dios), propia de la época. Lo importante del caso es notar la mezcla del elemento teórico con el elemento empírico que, como ya hemos señalado, es de suma importancia distinguir. Al estudiar la obra de Taylor se aprecia que la esencia de su método es la observación, análisis, experimentación de aspectos físicos de la producción industrial, el rediseño de métodos de trabajo y dirección. He aquí la clave: Para definir principios generales se requiere acudir a la realidad y, en consecuencia, se requiere definir esa realidad. ¿Qué posibilidad tiene quien considera que la Administración es una ciencia pero no sabe qué fenómenos de la realidad nutren el conocimiento respectivo? Ninguna posibilidad desde luego.

Taylor no estaba equivocado, sus lectores somos los equivocados, al tomar la definición del elemento teórico como definición de la administración. Detrás de este equívoco pareciera encontrarse el deseo de que la administración, como materia de estudio se restrinja única y exclusivamente a "principios generales y determinada filosofía", el deseo tal vez inconsciente de que los estudiosos conozcan solamente lo que dicen los libros, que no acudan a la realidad.

Lo anterior coincide con la idea de que el conocimiento es eminentemente producto del entendimiento, del raciocinio, y no así producto del estudio de la realidad. Taylor tenía claro su objeto de estudio: Los métodos de trabajo, las formas de dirigir, las instalaciones y herramientas en las plantas industriales propiedad de particulares. Si bien dicho objeto resulta parcial e incompleto, lo importante es que lo tenía claro; tuvo éxito por que identificó un objeto de estudio y estudió la realidad; usó el raciocinio, pero no sacó solamente de él sus "principios y filosofía".

> **Henry Fayol.** Administración es "prever, organizar, dirigir coordinar y controlar".

La aportación de Fayol fue identificar las funciones que corresponden a los administradores, a diferencia de las funciones propias de los operarios. En su tiempo resultaban claras las funciones de ejecución, pero no habían sido precisadas las funciones propias del dirigir; de ahí que al descubrir cuáles eran las funciones esenciales para el <buen administrar> Fayol identifica con ellas a *toda* la administración. Sin embargo, no debe perderse de vista que el *buen administrar* es deseable, pero circunstancial, no siempre se da. En la práctica podemos encontrar administradores que no realizan todas las funciones que Fayol menciona y, sin embargo, en tanto que dirigen, administran.

Precisamente definir la administración según lo que los diversos autores consideran *debe ser*, aquello en que *se debe* centrar la atención de los administradores, es uno de los orígenes de la problemática en materia de definición. Al revisar la obra de Fayol también encontramos claridad en cuanto a ocuparse de conocer y comprender la función de dirigir las organizaciones, aunque limitaba el objeto de estudio precisamente a la función directiva de las empresas industriales. Al igual que en el caso de Taylor debemos distinguir entre la definición que exteriorizaba respecto de la que empleaba: Administración, acción de dirigir.

> *George Terry* (1981), plantea que la Administración "consiste en lograr un objetivo predeterminado, mediante el esfuerzo ajeno. Es la disciplina que persigue la satisfacción de objetivos organizacionales, contando para ello con una estructura y a través del esfuerzo humano. Es el conjunto sistemático de reglas para lograr la máxima eficiencia en las formas de estructurar y manejar un organismo social; en dos palabras, es la técnica de la coordinación. Es la técnica que busca lograr resultados de máxima eficiencia en la coordinación de las cosas y personas que integran una empresa."

Reglas, máxima eficiencia, eso es prácticamente todo. De ahí que los autores se concentren en producir más y más reglas, más prescripciones de cómo administrar. ¿De dónde sacarlas? De la imaginación, sólo de la imaginación. No hay para estos autores realidad alguna que estudiar, ni necesidad de comprender leyes que la rigen, ni que explicar el comportamiento que presenta.

> *Wilburg Jiménez Castro* (1988). La palabra proviene del Latín que significa acción de administrar y "el término administrar está compuesto de *ad* y *ministrare* que significa conjuntamente servir", de lo cual deriva que administración significa "actividad cooperativa que tiene el propósito de servir".

Nótese lo infortunado de esta definición que infiere un significado contrario al de gobernar; la frase: "actividad cooperativa que tiene el propósito de servir", no es una definición, carece de sentido, ya que prácticamente cualquier actividad cabe en ella: asear calzado, educar, labrar la tierra, etc.

El concepto vigente entre los docentes en administración.

Administrativo Perteneciente o relativo a la administración.
Sinónimos: Empleado, productor, funcionario, dependiente, comisionado.

Esta palabra (administrativo) registra la tendencia general de referirla a órganos, grupos de trabajo y actividades complementarias (tales como aspectos contables, burocráticos o de servicios de limpieza y mantenimiento), secundarias con relación a las operaciones esenciales de los diversos organismos, ya sean públicos o privados. Con este significado es que concuerdan las definiciones de los autores especializados en administración; es decir, tienden a equiparar la administración con el más modesto y restringido significado lo que conduce a identificar como objeto de estudio a dichas tareas secundarias en las organizaciones.

La pregunta que surge es: ¿Qué especialistas se ocupan, entonces, del estudio de los fenómenos de gobierno y empresas? Ninguno, lamentablemente. Tal como están las cosas, no existe profesión que se ocupe del estudio sistemático de gobiernos y empresas, como entes importantísimos de la realidad social, económica, política y ecológica, en el contexto internacional e histórico.

Las actuales profesiones en administración pública y en administración de empresas atienden el estudio de preceptos y técnicas para la eficiencia en la operación interna de las organizaciones; no se ocupan de conocer el comportamiento de Estados y empresas, tampoco se ocupan de indagar los principios y leyes que expliquen científicamente dichos comportamientos.

Ante tal vacío de conocimiento la sociedad carece de posibilidades de comprender, pronosticar y, más importante aún, carece de posibilidades de normar, conducir y controlar los gobiernos y las empresas. De ahí la precaria situación de la democracia y la débil formación de los profesionales respectivos.

El problema que surge es que los docentes en administración consultados al respecto, manifiestan que <no es *posible formar*

dirigentes; los intentos de hacerlo han fracasado>, en consecuencia se ocupan de formar auxiliares administrativos orientados a realizar tareas secundarias, no sustantivas, lo cual coloca a los profesionales de la administración en gran desventaja respecto de otros profesionales y crea un importante vacío en cuanto a la necesidad de formación especializada de dirigentes de empresas y gobiernos, de estudiosos científicos de tales entidades.

¿Por qué, entonces, ciertas profesiones proporcionan una formación que efectivamente conduce a administrar, a dirigir, como son Ingeniería, Derecho, Economía? Esto contradice palmariamente la supuesta imposibilidad de formar dirigentes. Así las cosas, *los estudiosos que realmente quieran llegar a administrar habrían de estudiar una profesión distinta a la administración;* las instituciones educativas, por principio de ética, habrían de informarlo a los aspirantes.

La necesidad de formación de dirigentes para el sector público y el empresarial debería ser expresamente atendida por las disciplinas con capacidad para ello. La administración quedaría confinada a estudios técnicos de nivel medio y complemento de otras profesiones. Tal vez pudiéramos afirmar que así están ya las cosas.

Conclusiones y propuestas.

1. La literatura en administración hace escasa referencia a la tarea de identificar y precisar el objeto de estudio. Es indispensable que los administradores nos ocupemos de esta tarea.

2. Ya que las diversas propuestas se ocupan de aspectos relevantes, podría ser aconsejable trabajar en el desarrollo, integración, estructuración y precisión de las mismas, sin eliminar alguna de antemano.

3. Los administradores de empresas proponen la existencia de una sola disciplina. Puede resultar conveniente el estudio conjunto de la administración, pero, entonces, se ha incluir al sector público y empresarial, además de estimular la especialización ulterior.

4. Una limitación observable en el estudio de la administración pública es que se ocupa del interior del aparato de Estado. La identificación del objeto de estudio ha de incluir el señalamiento de las interacciones del objeto con su contexto,

en tanto que ningún objeto existe ni es explicable de manera aislada. Los administradores de empresas incurren en similar limitación al ocuparse esencialmente del interior de las empresas. Al igual que en el punto anterior, proponemos considerar el contexto económico, jurídico, social, y gubernamental.

5. Existe un gran divorcio entre la teoría de la administración y la realidad. Habrá de señalarse la necesidad de referencia constante de la realidad específica que compete a la administración.

6. Importantes problemas que competen a la administración no son considerados por los textos y los planes de estudio del caso. Al precisar el objeto de estudio deberán considerarse los asuntos que competen a empresas y gobiernos, así como la necesidad de que mejoren los servicios que prestan y actúen con responsabilidad, cosa que constituye una legítima demanda y condicionamiento social.

7. En el estudio de empresas y gobiernos se omite la influencia internacional e histórica de tales entidades, lo que impide la explicación cabal del comportamiento de las entidades mencionadas.

8. Los conocimientos acerca de la administración son generados por profesionales externos a este campo. Al precisar el objeto de estudio se requiere señalar que la investigación compete al administrador y es una tarea con la cual debe cumplir sin conformismo ante las aportaciones de otros especialistas, las cuales desde luego son bienvenidas.

9. La formación científico metodológica de los profesionales de la administración es insuficiente. Al precisar el objeto de estudio han de considerarse las tareas científicas implícitas en toda disciplina, la necesaria formación científico-técnica de sus estudiosos y la consecuente generación de la literatura específica dentro de la disciplina.

10. Los docentes en administración consideran no factible formar dirigentes. La necesidad de formación de dirigentes actualmente es llenada por disciplinas diferentes a la administración, lo que contradice la creencia de que tal cosa no es posible.

11. Los profesionales de la administración no administran. Al precisar el objeto de estudio hemos de revisar los elementos empleados por otras profesiones, que resultan propicios para la formación de dirigentes; esto con el propósito de aprovecharlos debidamente.

Las definiciones <especializadas> no ayudan a identificar el objeto de estudio de la administración.

Los significados lingüísticos de la palabra administración son claros, completos, entendibles, precisos, satisfactorios; notablemente vigentes en el uso generalizado de la población, en español y en otros idiomas.

Podemos afirmar: No existe problema en la definición de administrador y sus especialidades, conforme al lenguaje formal, vigente y reconocido por la autoridad lingüística.

CAPÍTULO 4

LA FUNCIÓN DE INVESTIGACIÓN Y DESARROLLO: VITAL Y ESTRATÉGICA PARA ADMINISTRAR.

Introducción.

México vive amenazado por crisis recurrentes resultantes de la actividad inadecuada de empresas y gobiernos respecto del comercio exterior, del manejo del crédito y la inversión externa, además del elevado desempleo, contaminación, depredación de recursos naturales, delincuencia, inseguridad y severos problemas educativos.

Sin embargo, a los administradores profesionales tales fenómenos nos parecen ajenos; nos parece extraño que hayamos de ocuparnos de los problemas nacionales. Bajo una visión altamente ideologizada nos ocupamos sólo del interior de las empresas y del interior del Estado; nos ocupamos de los problemas de eficiencia y control, en función del interés del capital y del poder político imperante; olvidamos la soberanía de la sociedad. Esta visión ideologizada, reduccionista, parcial y subjetiva, refleja la condición, no de científicos de las ciencias sociales sino la condición de subordinados al interés del sistema establecido. Herencia esto no de la modernidad ni de la visión integral de nuestro objeto de estudio, sino legado de la mentalidad dependiente de nuestra historia colonial.

Hemos de reconocer que tal visión resulta inaceptable ante la necesidad de un enfoque realmente científico, moderno, mundial, y socialmente responsable, el cual implica estudiar con rigurosidad la realidad de las empresas y de los gobiernos, en el contexto social, económico, mundial e histórico, atendiendo el interés del conjunto social para el presente y para el largo plazo; no atendiendo solamente el interés del sector poblacional económicamente favorecido, en el presente y futuro inmediato, con gran egoísmo e irresponsabilidad hacia las nuevas generaciones.

Debemos percatarnos de que la práctica de la administración ha dejado de ser lo que fue; hemos de darnos cuenta que la realidad actual no guarda ya relación alguna con textos y planes de estudio obsoletos y socialmente irresponsables: técnicas estándar para organizaciones estándar. El estudio de los problemas del comercio exterior y de la inversión extranjera en México es uno de los ejemplos, entre otros, de lo que corresponde estudiar a los administradores.

Es urgente renovar los planes de estudio y los textos para orientarlos a la investigación y al conocimiento de la realidad nacional <globalizada>, en lo que respecta a gobiernos y empresas. Lo anterior implica el estudio de las finanzas internacionales, de la inversión extranjera y del comercio internacional, sin dejar de lado las relaciones de dominación dependencia entre las naciones que para nada son favorables a México.

De no renovar nuestra visión de la administración, la visión de los textos y de los planes de estudio, de no fortalecer la formación científico metodológica de los estudiosos de la administración, de no formar expertos conocedores de las finanzas y del comercio internacional, seguiremos sin atender las necesidades del país en lo que a nuestra especialidad compete; los profesionales de la administración seguiremos siendo desplazados por otros profesionales mejor preparados: las empresas y el país seguirán siendo administradas por ingenieros, abogados y economistas que, como resultado de su actividad administradora, seguirán produciendo innovaciones y literatura de administración, mismas que los profesionales de este campo no hemos sido capaces de producir; los profesionales de la administración seguiremos ocupando posiciones auxiliares subordinadas, haciendo manuales y organigramas de colores. En todo caso, los responsables de la formación de administradores seremos, ante las nuevas generaciones, responsables por la incapacidad para desarrollar la profesión y aportar a la sociedad elementos para la resolución de sus necesidades.

A los administradores nos corresponde la investigación para el desarrollo de empresas y gobiernos, en su contexto económico, jurídico, político, laboral, social, científico, técnico, internacional e histórico. El administrador profesional requiere saber desarrollar nuevos conocimientos, validar y actualizar los existentes, en lo referente a su profesión. Conformarse con la literatura extranjera y los tristes reflejos de la misma elaborados en el país, es inaceptable.

Investigar significa conocer cada vez más el mundo que nos rodea; avanzar en la comprensión y explicación de ese mundo, para con ello poder aprovecharlo y desarrollarlo. Desarrollar significa mejorar, proteger y acrecentar lo que tenemos; encontrar mejores formas de ser y de hacer las cosas. Además, el administrador debe ser capaz de impulsar, conducir y ejercer la función de investigación y desarrollo en las empresas y en los organismos públicos. La función de investigación y desarrollo es la punta de lanza de empresas, profesionales, organismos y países líderes, puesto que ello es clave para destacar en los mercados locales y mundiales; así como para resolver la problemática que a cada cual le corresponde.

La función de investigación y desarrollo es indispensable en todas y cada una de las áreas de las empresas y organismos públicos: finanzas, informática, personal, operaciones, servicios, comercialización, etc. Además es necesaria en cuanto al conocimiento integral de empresas y gobiernos en su contexto.

Quien no hace investigación y desarrollo se rezaga y pierde vigencia; se hace dependiente y tarde o temprano se ve sometido al interés de otros que le aventajan en conocimientos. No puede concebirse país, empresa, o profesional alguno a la vanguardia e independiente, que no tenga como antecedente una actividad permanente y exitosa de investigación y desarrollo. En contraparte, marginados de toda relevancia, altamente dependientes, se encuentran los países, las empresas, las escuelas, y los profesionales que no practican eficazmente las actividades de investigación y desarrollo.

Para atender los problemas y las necesidades nacionales es indispensable la tarea de investigación y desarrollo. Por ejemplo y como se detallará en el siguiente capítulo:

> **En México sólo el 1.4% de las empresas exporta, y esa proporción se viene reduciendo año con año.**

Para enfrentar ese fenómeno que nos afecta gravemente, es urgente investigar para comprender el problema y desarrollar soluciones. Ello entraña una prioridad estratégica nacional, pues incide en el crecimiento nacional, el empleo, el abasto, la estabilidad económica y social, la deuda externa, la independencia y el bienestar general.

La gran prioridad es la exportación, la cual requiere ser ampliamente apoyada por una intensa actividad de investigación y desarrollo en todos los ámbitos. No será posible enfrentar eficazmente la *globalización* administrando como en el pasado. Es claro que depender del crédito externo, de la inversión extranjera, nos hace en extremo vulnerables. Necesitamos desarrollar estrategias industriales, comerciales y financieras competitivas a nivel mundial. Y estas deben ser tales que consoliden la fortaleza y autonomía nacional.

La única salida para ser autosuficientes e independientes es y será lograr un superávit sostenido en el comercio exterior, para liquidar los pasivos internacionales y, mejor aún, para incrementar nuestras reservas con recursos propios, **no** provenientes de deuda e inversión extranjera, como ahora sucede. No existe ninguna otra manera de abatir la gran dependencia nacional más que exportando, equilibrando el comercio exterior hoy persistentemente deficitario. No es lo mismo utilizar el crédito y la inversión extranjera, que depender de ellos. Lo inteligente y acertado es plantearnos obtener excedentes para <interdepender> del exterior equilibradamente, y, mejor aún, llegar a invertir, obtener intereses y dividendos en otros países. Hasta hoy el planteamiento de los administradores en México ha sido inercial y fatalista, al pensar que la realidad actual deficitaria persistente en el comercio exterior y su contraparte de endeudamiento, son <normales> e <inevitables>.

Pero si queremos realmente progresar como empresarios, profesionales de la administración y como País, hemos de superar concepciones inerciales y fatalistas, realizar mejoras profundas en todos los ámbitos de nuestra existencia, y hacerlo ya. No necesitamos esperar que otros cambien, podemos y debemos cambiar ahora mismo: Cumplir con nuestras responsabilidades de estudio, investigación y desarrollo, y hacerlo radicalmente mejor que nunca. No hay otra alternativa ante la situación en que nos encontramos; hacer menos nos condena al sometimiento y a la mediocridad. La iniciativa, el ejemplo y la unión de quienes deseamos este progreso, debe llegar a formar la masa crítica necesaria para mover al país.

Capacitarse en investigación y desarrollo, así como en aquello que contribuya a las exportaciones, atracción y cuidado de las divisas externas, significará excelentes oportunidades profesionales, además de apoyar el desarrollo y la independencia nacional.

Las instituciones educativas, los docentes y los estudiosos, en las diversas especialidades, tenemos la gran responsabilidad de capacitar y capacitarnos en investigación y desarrollo. Hasta hoy la formación y capacitación en investigación y desarrollo ha sido insuficiente: No se dispone de bibliografía que vincule la Administración con la investigación. Y los planes de estudio no la incluyen como parte importante del currículo. La investigación y desarrollo permitirá reconocer las debilidades de la profesión, hará posible su fortalecimiento y contribuirá a la ampliación del campo de trabajo del administrador.

Al futuro administrador conviene practicar la investigación con máxima formalidad desde el inicio de la carrera y a lo largo de la misma. No debe conformarse con un curso o elaboración de tesis; no es suficiente, de ninguna manera. Desde luego, se aprende mejor a investigar investigando. No obstante el estudioso debe familiarizarse con aspectos básicos de investigación y desarrollo respecto de la Ciencia y, específicamente, respecto de la Administración.

Los temas que aquí presentamos requieren de mayor desarrollo. Este ensayo es un primer intento, ya que como lo he apuntado, no existe bibliografía al respecto. En consecuencia, naturalmente resultará polémico y será deseable que los estudiosos continúen avanzando al respecto.

Quienes proponemos las presentes innovaciones hemos enfrentado situaciones y oposición de los administradores antiguos, mismas que señalamos a continuación y que, consideramos, se deben remontar.

Situaciones que Refuerzan la Inexistencia de la Investigación y Desarrollo en Administración en México:

1. El conocimiento administrativo es desarrollado por diversos especialistas y no así por administradores de profesión.
2. El conocimiento administrativo empleado en México es producido en los países industrializados.
3. En México el conocimiento administrativo es precario y obsoleto.
4. El conocimiento administrativo disponible en México es altamente ideologizado, <pragmatizado>.
5. Los profesionales de la administración se encuentran en desventaja respecto de otros profesionistas.
6. Dado el precario desarrollo de la profesión, los profesionales de la administración no administran, son desplazados por otros profesionales.
7. Existe la necesidad de administrar actividades de investigación y desarrollo y esto no ha sido tomado en cuenta en la formación de administradores.
8. Empresas y gobiernos son de gran interés para la sociedad y sin embargo no se estudian sistemática y científicamente por los administradores.
9. No existe literatura sobre epistemología de la administración.
10. Existe escaso interés científico *entre los antiguos profesionales* de la administración.

A continuación explicamos los puntos anteriores.

1) Escaso interés científico *entre los antiguos profesionales de la administración.*

El estudio de la administración suele estar, hoy en día, impregnado de pragmatismo, e incluso de una franca oposición al desarrollo científico: el interés se centra en la *capacitación para administrar*. Se piensa que sólo lo que es útil es verdadero (criterio de verdad del pragmatismo); interesan resultados, eficiencia, ganancia,

<inmediatismo>, lo demás carece de importancia. Tal es la causa subjetiva del problema, la cual se refleja en *opiniones expresadas por administradores*, incluso docentes, tales como las siguientes:

- *"La administración no tiene fines científicos, sino prácticos"*. Esta afirmación evidencia que se confunde la práctica de la administración con el conocimiento administrativo, puesto que si de administrar se trata son obligados los fines prácticos; pero si nos ocupamos de actualizar, validar y desarrollar el conocimiento administrativo, la finalidad y la metodología científica son necesidad incuestionable.

- *"No es posible el estudio científico de la administración, puesto que en ella interviene el hombre y esto le hace impredecible: cada quien administra como quiere"*. Con tal razonamiento la existencia de las ciencias sociales sería mera casualidad; el hecho es que incluso la conducta humana es objeto de estudio científico; más aún la actividad institucionalizada en la conducción de gobiernos y empresas: la administración.

- *"La administración no constituye un objeto de investigación científica, puesto que se trata de cuestiones muy simples de papeleo y trabajos auxiliares"*. Este concepto erróneo deriva de asumir lo accesorio, lo administrativo, como principal, lo cual se refiere, efectivamente, a lo no esencial, a lo auxiliar o de apoyo: lo administrativo no es la esencia de gobernar o dirigir, es decir, de administrar. En realidad, los gobiernos son el objeto de estudio de la Administración Pública, en el contexto económico, político, social, jurídico e internacional. A su vez, las empresas son el objeto de estudio de la Administración de Empresas, en el contexto referido. Como se observa en el cuerpo de este trabajo, existe un grave problema de identidad que repercute en controversia no resuelta en cuanto a la definición de los objetos de estudio de las administraciones.

- *"¿La administración es ciencia o técnica?"*. Esta es una falsa disyuntiva. La respuesta es que, por principio, los adjetivos de ciencia o técnica son aplicables al conocimiento administrativo y por ningún motivo deben aplicarse a la práctica de administrar. Luego, ha de tenerse en cuenta que la ciencia y la técnica son formas de conocimiento que se complementan, no se excluyen. La ciencia es "conocimiento básico" y la técnica "conocimiento aplicado". Ambos son indispensables en las diversas ramas del saber: la ciencia carecería de sentido de no aplicarse; pero la técnica sin respaldo científico resulta primitiva, limitada.

Lo importante es que los profesionales de la administración fortalezcamos nuestro interés científico y evitemos que la interrogante "ciencia o técnica" nos lleve a optar por una formación que renuncie al conocimiento básico, puesto que existe la enorme necesidad de que empresas y gobiernos sea estudiados rigurosamente, para con ello desarrollar una avanzada y poderosa tecnología para administrar.

2) El conocimiento administrativo: desarrollado por especialistas de otros campos.

¿Cómo, entonces, existe y se ha desarrollado, en alguna medida, el conocimiento administrativo? Respuesta: Ha sido generado por especialistas de otros campos --ingenieros, psicólogos, sociólogos, matemáticos, físicos, etc. Encontrar desarrollos cognoscitivos realizados por profesionales de la administración es todo un reto. Esto ha sido no sólo durante épocas pasadas, en que la juventud de la disciplina lo hacía explicable: lo mismo sucede en tiempos recientes; no se observa progreso científico entre los administradores de las antiguas generaciones, salvo excepciones.

Se pudiera argumentar que los administradores "delegan" la producción de conocimientos, y que no existe la necesidad de que por sí mismos lo hagan. Sin embargo, esto es contrario al hecho generalizado de que cada especialidad forma a sus profesionales para: a) ejercer, b) resolver los problemas científico técnicos que a la disciplina competen, así como, c) producir nuevos conocimientos. Es del todo irregular que, por ejemplo, los médicos no resuelvan los problemas de salud o produzcan conocimientos sobre medicina; es inédito que los físicos no sean quienes se abocan a nutrir la Física. Si otros especialistas hacen sistemáticamente lo que los responsables directos no quieren o no pueden hacer, estos terminan desplazados. Precisamente, ello sucede a los profesionales de la administración.

Por lo pronto, las nuevas generaciones de administradores han de tomar conciencia de la imperiosa necesidad de desarrollar por sí mismos los conocimientos de la disciplina y no esperar que otros lo hagan.

3) El conocimiento administrativo es producido en los países industrializados.

Quien desarrolla el conocimiento se ocupa de los intereses propios, no del interés o necesidades de los vecinos. Naturalmente, esto tiende a reforzar la dependencia de los subdesarrollados (Jones, 1993:51), pero entre éstos persiste la *ingenua creencia* de que no es necesario hacer investigación y desarrollo, que es *conveniente* aprovechar lo que se hace en las potencias; como si aquellas construyeran tecnología para beneficio ajeno.

Un conocimiento administrativo propio, desarrollado, y que sirva realmente a los fines nacionales, habría de describir, explicar y pronosticar el comportamiento de empresas y administraciones públicas, en el marco de la asimetría internacional; debería proporcionar bases científicas sólidas para formular tecnología, planes y estrategias para el adecuado manejo de los recursos, en nuestro contexto y situación económica, internacional e histórica.

En palabras llanas, por simple lógica, si pretendemos administrar al país o sus empresas, necesitamos conocer a fondo los recursos naturales, planta productiva, fuerza de trabajo, mercado interno y mundial, situación financiera del país, causas y efectos del déficit persistente en comercio exterior, a costa de qué se financia éste, cuál es el futuro de continuar las actuales tendencias, qué responsabilidad tiene en ello la administración pública, porqué sólo exporta el 1.4% de las empresas establecidas en México, etc. Nada de esto parece importar a los textos y planes de estudio de la administración pública y la de empresas en México. Esto puede y debe cambiar.

Hay que señalar que la administración, históricamente, ha estado estrechamente vinculada al poder económico y político (Guerrero O., 1981). Este es el aspecto objetivo y, en consecuencia, el determinante: el conocimiento acerca del poder permanece reservado a quienes detentan el poder. *El conocimiento administrativo altamente desarrollado permanece reservado para las empresas y gobiernos que lo han creado.* De ahí que el estudio de la administración, en los países subdesarrollados, sea no científico, impregnado de pragmatismo, tan comercial e incluso obsoleto. De ahí que, hasta ahora, se forme a los administradores con ideologías, más que en el conocimiento científico y la capacidad necesaria para desarrollarlo.

En los países subdesarrollados, los administradores deberán producir un conocimiento que refleje su propia realidad y atienda la necesidad de independencia y desarrollo.

4) *En los países subdesarrollados, el conocimiento administrativo es precario y obsoleto.*

El mayor problema del conocimiento administrativo es el divorcio entre la teoría y la práctica, producto del desfasamiento de la importación de teorías que, además, se ocupan de su propio medio y circunstancia. Efectivamente, si queremos saber sobre la situación de gobiernos y empresas nacionales o latinoamericanas, de nada sirve revisar los textos de administración pública o de empresas. Lo que en ellos encontramos son prescripciones, "recetas", de cómo administrar, *en lo interno*, negocios privados y organismos gubernamentales; así, *en general y abstracto*, como si las organizaciones existieran en un vacío social e histórico, como si existieran sólo para servirse a sí mismas, y no por y para la sociedad. Cuando los textos de administración refieren casos reales de empresas y gobiernos, se ocupan de aquellos típicos de las potencias, en circunstancias y con necesidades muy diferentes a las que prevalecen en los países subdesarrollados. Además, los tiempos de traducción, publicación y divulgación, hacen que al editarse los mencionados textos en los países subdesarrollados, lustros después, para nada son vanguardia.

Por otra parte, la literatura en administración es eminentemente técnica, no científica: se ocupa de cómo administrar. El conocimiento básico, descriptivo y teórico explicativo de empresas y gobiernos, indispensable para la formación de profesionales y para el desarrollo de una tecnología avanzada, brilla por su ausencia. Para conocer el comportamiento de empresas y gobiernos los administradores *necesitamos recurrir a textos de otras especialidades*, creados con fines distintos a los que nos interesan, y, otra vez, lamentablemente no de nuestro país.

Debido a que las diversas teorías de la administración han sido desarrolladas por métodos de la ingeniería, la psicología, la sociología, la matemática, etc., tal hecho deriva en la *parcialidad de sus enfoques y consecuentes debilidades*, ya que incluso en las corrientes que se precian de "visión integral" de la administración suelen ser meramente ingenieriles.

En los países subdesarrollados, los administradores deberán describir y analizar el comportamiento de sus empresas y gobiernos, en el contexto internacional marcado por la asimetría en el comercio mundial, el déficit recurrente en la balanza de pagos y la aguda dependencia financiera.

5) El conocimiento administrativo disponible es altamente ideologizado.

En efecto, el conocimiento administrativo es reflejo sesgado del interés y opiniones de empresarios y gobernantes, donde *el interés de la sociedad* y la existencia misma de ésta *no suelen ser considerados*. Por ejemplo, se estudia como único parámetro de eficiencia la *ganancia*. Si la ganancia fuera realmente el único criterio de eficiencia objetivo, las empresas establecidas en los países subdesarrollados resultarían mucho más eficientes que sus homólogas en los países industrializados donde los índices de ganancia son muy inferiores. En los países subdesarrollados el costo del capital es muy superior al mismo en los países industrializados.

Como lo vimos capítulos atrás, lo que sucede es que las administraciones públicas de los países subdesarrollados ofrecen, a los capitales internacionales altas tasas de ganancia para atraerlos a sus territorios: ¡De los gobiernos de los países subdesarrollados dependen las ganancias de los capitales! Esta necesidad de capitales externos es propiciada por el persistente déficit comercial externo de los subdesarrollados (Mercado, S., 1986), originado en: a) el desinterés e incapacidad de las empresas para exportar; b) la sobre valuación de la moneda nacional (Schneider E., 1972) y, c) las relaciones comerciales asimétricas, resabio del colonialismo, donde los subdesarrollados exportan materias primas e importan productos industrializados (Bairoch F., 1975).

Para sostener artificialmente el valor de la moneda nacional, a pesar de la persistente balanza comercial negativa, las administraciones públicas alimentan las reservas y la oferta del mercado, de divisas que obtienen de: préstamos, inversión extranjera, venta de recursos estratégicos como el petróleo, remesas de trabajadores mexicanos en el exterior, y venta de las empresas públicas (patrimonio nacional) a extranjeros (Jaguaribe H., 1983). Con esto las propias administraciones públicas refuerzan la dependencia y cancelan cada vez más la escasa soberanía lograda con enormes sacrificios: se pone en manos extranjeras el destino del país, como se ha hecho con la banca, que pertenece en 98% a extranjeros, y como se trama hacer con los energéticos.

A la inversión extranjera no se le exige que exporte, pese a que genera fuertes salidas de divisas por pago de dividendos, compra de materias, maquinaria y demás. Los países industrializados no permitirían en su suelo empresas que no exportan pero que generan salida de divisas: Porque no se encuentran postrados para conseguir dólares. En los países con un mínimo de racionalidad de la administración, la consigna es "exporta o muere"; existe conciencia de que si las empresas consumen productos de importación, en consecuencia deben generar, con exportaciones, las divisas para pagarlos (Cohen B., 1984). Además, en los países industrializados la administración pública no asume el papel de proveedor de divisas, ni sostiene artificialmente el valor de la moneda nacional endeudando al país, para que las empresas funcionen o continúe determinado grupo en el poder, con base a una economía ficción, puesto que las empresas participan eficazmente en el mercado internacional.

Otros temas de gran importancia para evaluar la eficiencia de las empresas y las administraciones públicas, tales como: el aprovechamiento racional y la preservación de los recursos naturales y la fuerza de trabajo, el abastecimiento a la población y a la propia industria, aprovechamiento y desarrollo de la planta productiva, tasas de reinversión y empleo, innovación de productos y servicios, influencia en el bienestar de la población, situación de la ecología, etc., no son considerados en los textos de las administraciones. Y aun así con ligereza se nombra "ciencia" a la disciplina. Así se formó a los antiguos administradores; esto debe cambiar: las nuevas generaciones habrán de ser expertas conocedoras de la realidad de la administración, tanto de su país como a nivel mundial, para poder, en verdad, administrar eficaz y racionalmente, para poder competir en el comercio mundial.

El estudio de la administración ha sido altamente ideologizado por el capitalismo y la dependencia imperante; es necesario moderar la ideología e impulsar un estudio realmente científico y socialmente responsable de la disciplina, el cual refleje la problemática de nuestras empresas, gobiernos y sociedad, así como las técnicas y estrategias para enfrentarla. Es necesario nos percatemos que el conocimiento científico técnico desarrollado en otros países y épocas no necesariamente atiende nuestros problemas y, en cambio, favorece la dependencia en ese rubro: debemos darnos cuenta que es indispensable desarrollar conocimiento propio.

6) Los profesionales de la administración, en desventaja.

En el marco de la situación descrita, a los administradores, tal como ya se ha dicho, se les forma realmente como técnicos y no así como profesionales, incluso en el nivel educativo superior. Los planes de estudio centran su interés en la capacitación para administrar --como si se tratara de nivel medio-- y descuidan el conocimiento básico, como corresponde al nivel superior. Desde luego, no omitimos la consideración de los niveles de maestría y doctorado orientados a fortalecer la formación científica, pero ¿de qué manera, entonces, se diferencian los niveles de educación media y profesional?

En lo académico, es notable que las maestrías en Administración sean cursadas con éxito por un gran número de ingenieros y otros profesionales; sería deseable, también, que los administradores pudiéramos cursar maestrías en Ingeniería, Derecho, etc. En lo científico, no es conocido que exista aportación alguna de los administradores profesionales hacia otras disciplinas ni a la propia. Es necesario que la capacitación científica de los administradores sea tal, que les permita hacer aportaciones en cualquier disciplina que se lo propongan.

En la práctica, las empresas y el Estado son administrados por otros profesionales, los que luego de ocupar posiciones directivas escriben, narran experiencias, plantean propuestas, publican y se hacen consultores: es decir, comercializan su producto, su teoría. De ello deriva el uso de técnicas de venta, más que de método científico, al que suele aludirse con abuso.

Los nuevos administradores tienen derecho a ser formados realmente como profesionales y no sólo como técnicos de nivel medio. Escatimar recursos educativos al efecto va en detrimento de la inserción de México en la economía mundial, con graves repercusiones económicas, sociales e internacionales.

7) Los profesionales de la administración no administran.

En todo caso, el resultado más importante de la problemática descrita es que los profesionales de la administración son desplazados de los altos niveles directivos: las empresas suelen ser administradas por ingenieros, y en el Estado predominan los abogados. Con tal situación, la cual es necesario cambiar, si alguien quiere llegar a administrar, más allá de niveles medios, debe estudiar ingeniería o leyes. El ámbito de los administradores profesionales, actualmente, son los mandos medios, cuando no simples posiciones auxiliares. En este punto se pone de relieve la necesidad de diferenciar entre los profesionales y los administradores que realmente administran.

La identificación y señalamiento de los problemas es indispensable para resolverlos. Es importante reconocer la estrecha relación causal entre los hechos: los administradores no administran porque su disciplina se encuentra en estado de gran atraso, les falta el conocimiento de la realidad de empresas y gobiernos, les falta además una adecuada formación científica.

Algunos autores piensan que la capacidad para administrar es una característica personal y, en consecuencia, no procede el intento de formar profesionales en este campo. Sin embargo, la complejidad y tamaño actual de las organizaciones hace indispensable el conocimiento sistemático y a fondo de las mismas, sin el cual no es viable la adecuada conducción de grandes organismos. Además, debe tenerse presente la necesidad de formar estudiosos para desarrollar el conocimiento de empresas y gobiernos, único medio para elevar el nivel de servicio de tales entidades.

Se discute si debiera desaparecer la administración como profesión autónoma, y en su lugar complementar las demás profesiones con "conocimientos administrativos". Nuevamente se adopta lo secundario como principal y se deja de lado el estudio científico del comportamiento de empresas y gobiernos, como medio para resolver los problemas inherentes, como acervo importante de las ciencias sociales, de gran interés para la ciudadanía y el desarrollo nacional.

Para que las nuevas generaciones de administradores sean competitivas frente a otros profesionales, y administren al más alto nivel, requieren ser expertas conocedoras de empresas y gobiernos en su país y en el mundo, así como elevar su nivel de formación científica.

8) Necesidad de administrar actividades de Investigación y Desarrollo en empresas y en instituciones públicas.

En la actualidad, en el mundo industrializado, las empresas son las entidades que realizan el desarrollo del conocimiento básico y el aplicado. Esto se explica por la enorme complejidad que representan, y porque ello requiere cuantiosas inversiones, pero sobre todo, porque representa el mayor de los negocios, la posibilidad de control de los mercados internacionales, así como un requisito de sobrevivencia, de las grandes corporaciones mundiales. Las empresas que no realizan investigación o tienen menos éxito en ello, se rezagan, pierden mercados, se hacen dependientes, menos rentables, y son desplazadas o absorbidas.

Las administraciones públicas deben realizar también investigación y desarrollo para enfrentar la problemática que les compete. Los futuros profesionales de la administración deben estar capacitados para dirigir actividades avanzadas de investigación y desarrollo tanto en las empresas como en el Estado. Más aún en los países subdesarrollados, como instrumento indispensable para el progreso y la independencia. Los administradores tienen una doble necesidad de formación científica, pues deben desarrollar la propia disciplina y, además, conducir delicadas, costosas y estratégicas actividades de investigación y desarrollo en las empresas y en los gobiernos.

9) La administración, de gran interés para la sociedad.

Empresas y gobiernos son instituciones de muy alto impacto social, por lo que, en consecuencia, existe la enorme necesidad de desarrollar conocimientos científicos al respecto, con la finalidad de explicar y pronosticar su comportamiento, así como, con base en tal conocimiento, elevar el nivel de servicio de tales entidades.

Lo anterior es una demanda de la ciencia social y de la ciudadanía hacia los profesionales de la administración, misma que no ha sido atendida: a los administradores, de generaciones anteriores, nos suena extraño que hayamos de aportar algo en el terreno científico o social. Consideramos únicamente servir a fines de control y ganancia, a gobernantes y empresarios; hemos sido altamente ideologizados. Sin embargo, el desarrollo de una tecnología avanzada y poderosa para administrar, ha de tener como base el conocimiento profundo, científico, de los gobiernos y de las empresas, en su contexto internacional e histórico. Tales conocimientos podrán conducir a que empresas y gobiernos sirvan real y eficientemente a la población y al país en su conjunto.

10) No existe literatura sobre epistemología de la Administración.

La bibliografía dedicada al tema de los fundamentos y métodos del conocimiento administrativo es en extremo escasa y poco conocida[5]. El tema no está presente en los textos de la especialidad, ni siquiera en compendios o tratados para cubrir programas de estudio superiores. Artículos que se ocupen del problema, así como la existencia de especialistas en metodología del conocimiento administrativo no se hacen presentes.

Cuando los estudiosos de la administración enfrentan la necesidad de realizar trabajos de investigación o tesis profesionales, deben acudir a textos de *técnicas de investigación* de las ciencias sociales, *en general*, donde se les ofrecen múltiples ejemplos de otras ciencias, pero no una orientación específica respecto del trabajo que necesitan realizar.

Concomitantemente, la formación para la investigación que a lo largo de la carrera se imparte es débil; de ahí que *la demanda de los textos del tema no refuerza el interés de producirlos*: son reducidas las reediciones y reimpresiones. En el pasado cercano los cursos de metodología de la ciencia en las licenciaturas en administración fue inexistente; sólo recientemente ciertas instituciones han incluido algún curso que, naturalmente, resulta insuficiente. Además, al profundizar en el estudio de la Historia y Teoría de la Ciencia, se hace patente que las *técnicas de investigación* son necesarias, pero no suficientes para realizar investigación científica. En tales circunstancias no debe extrañar la precaria producción científico-técnica de los egresados.

---

[5] Las obras de Arias Galicia (1972), Munch y Ángeles (1988) dedicadas a la investigación de la administración, únicas en su género, no refieren en la bibliografía obra alguna del mismo tema; los esfuerzos por localizar textos al respecto han sido, hasta hoy, infructuosos.

Pasos para construir la Epistemología de la Administración.

Para construir la epistemología de la administración, en primer lugar, habremos de documentarnos ampliamente en cuanto a:

- Historia de la Ciencia,
- Teoría del Conocimiento, y
- Técnicas de Investigación Científica.

Todo ello en cuanto a la Ciencia, en general, y a las Ciencias Sociales, en particular.

La Historia de la Ciencia registra el *devenir de los hallazgos científicos* a través de los siglos; la Teoría del Conocimiento representa el análisis de dicho devenir y se ocupa de establecer los principios, leyes y teorías, que *explican el desarrollo del conocimiento*. Lo anterior sirve de base para formular las Técnicas de Investigación Científica, como *instrumentos de aplicación práctica*, para validar, actualizar y desarrollar el conocimiento. Tal es el marco necesario para una adecuada formación científica.

En segundo término, para construir la *Epistemología de la Administración*, habremos de revisar y enriquecer la:

- *Historia del Conocimiento Administrativo*, con base al desarrollo de los gobiernos y las empresas.
- El análisis de dicha Historia permitirá establecer la *Teoría del Conocimiento Administrativo*, que explique estímulos y obstáculos al desarrollo del conocimiento del cual se ocupa.
- Con esas bases quedará a nuestro alcance el formular, adecuadamente, las *Técnicas de Investigación en Administración*, instrumento para la producción de nuevos conocimientos acerca de empresas y gobiernos.

La tarea de desarrollar la epistemología de la administración y producir literatura al respecto, beneficiará principalmente a las nuevas generaciones de administradores; por tal motivo ellas deberán impulsarla y realizarla. Es poco probable que alguien más lo haga.

Si queremos ampliar la producción de literatura científico técnica de los profesionales de la administración, desarrollar el conocimiento administrativo, mejorar la formación de profesionales, el servicio que estos prestan a las ciencias sociales y a la sociedad misma, así como ampliar las oportunidades profesionales para ellos, el punto de partida indispensable es fortalecer su formación científica y el conocimiento acerca de la realidad de nuestras empresas y gobiernos, en el contexto internacional e histórico.

El conocimiento científico de empresas y gobiernos, de interés general y no sólo de administradores.

Es importante reconocer que la administración es de interés estratégico de las ciencias sociales y de la ciudadanía en general, y no interés exclusivo de empresarios y gobernantes. El estudio científico del comportamiento de empresas y gobiernos es una prioridad, a fin de proporcionar elementos que permitan explicarlo y pronosticarlo, pero sobre todo, conducirlo conforme al interés de la población en general y en el largo plazo.

Las nuevas generaciones de profesionales de la administración deberán estar capacitadas para desarrollar el propio conocimiento administrativo y, además, deberán poder conducir actividades de investigación y desarrollo en las empresas y los gobiernos, en el más alto nivel.

El estudio de la situación expuesta induce a concluir: el problema de fondo es que el conocimiento administrativo, en los países subdesarrollados, se encuentra rezagado en extremo; ello reduce las oportunidades profesionales de los estudiosos y, así mismo, impide que la sociedad se beneficie de la existencia de la disciplina administrativa.

La hipótesis subyacente es que, para superar el problema se requiere:

a) Fortalecer la *formación científica* de los estudiosos de la administración.

b) Producir *conocimientos básicos* en cuanto a empresas y gobiernos, tales que describan su acontecer y propicien la explicación teórica correspondiente.

c) Desarrollar, a partir de nuestra circunstancia, el conocimiento aplicado, la *tecnología y estrategias* que mejor convengan a México, respecto del manejo de empresas y gobiernos.

d) Formular la *Epistemología de la Administración*, misma que apoye el desarrollo de los conocimientos básico y aplicado, así como la formación profesional de los administradores.

Al efecto las instituciones educativas, a nivel licenciatura, pueden y deben cumplir con las siguientes medidas:

1. Incluir en el *examen de admisión* evaluación de conocimientos de Epistemología; comunicándolo a las autoridades educativas de nivel medio superior, con el requerimiento para que actúen en consecuencia.

2. Agregar a los planes de estudio una serie de unidades de enseñanza aprendizaje obligatorios, de principio a fin de la carrera, acerca de Historia de la Ciencia, Teoría del Conocimiento, Técnicas de Investigación Científica. Esto implica *aumentar el presupuesto y créditos concedidos a la licenciatura*, semejante a lo que es asignando a las carreras de ingeniería: la adecuada conducción de empresas y gobiernos no merece menos, puesto que es vital para el país.

3. Orientar los planes de estudio hacia el *conocimiento de la realidad* de empresas y gobiernos, incluido el orden mundial y la situación nacional.

4. Crear la *especialización y diplomado* en "Administración de las Actividades de Investigación y Desarrollo".

5. Crear incentivos y facilidades para el fortalecimiento de la *formación científica de los docentes*.

6. Crear *incentivos* para la producción de textos de Epistemología de la Administración.

7. Crear *incentivos* para la producción de textos que describan y expliquen la realidad de empresas y gobiernos en México y el Mundo, desde el punto de vista e interés de la Administración y de las Ciencias Sociales.

8. Crear *incentivos* para el desarrollo de técnicas y propuestas de estrategia administrativa, sustentados en la realidad nacional, y orientados a la resolución de nuestros problemas industriales, comerciales y financieros, en el actual contexto internacional. Muy en especial los encaminados a: impulsar la capacidad exportadora del país, lograr el equilibrio de la balanza de pagos y la independencia financiera.

Es necesario que *las nuevas generaciones,* de estudiosos y docentes, asuman el papel activo que les corresponde en este problema: no deberán esperar que otros lo resuelvan, puesto que ellos son los principales interesados y beneficiarios. Al efecto y en tanto la situación no se modifique, para fortalecer por sí mismas su formación científica, *deberán estudiar de manera autodidacta,* para lo cual podrán servirse de lo aquí expuesto, como guía.

SEGUNDA PARTE

EL CASO DE MÉXICO: ¡GRANDES PROBLEMAS, GRANDES OPORTUNIDADES!

Introducción.

La presente segunda parte es sólo un ejemplo de la necesidad de estudiar la realidad de empresas y gobiernos en su contexto espacial e histórico. En los siguientes capítulos referimos un caso en que las empresas y los gobiernos infringen al país enormes daños, específicamente en lo referente al comercio exterior de México. Indagamos las causas, perspectivas y acciones a seguir frente a este grave problema. Todo ello con la finalidad de mostrar al estudioso de la administración la enorme oportunidad de servicio y desarrollo profesional que este campo ofrece. Nos proponemos, así mismo, propiciar conciencia y acción ciudadana al respecto.

Aquí tenemos una clara muestra de que la actividad empresarial y gubernamental es de interés de las Ciencias Sociales y de la ciudadanía.

Delimitación. Nos ocupamos del comercio exterior mexicano como actividad que compete a la administración de empresas e involucra a la administración pública. Nos referimos centralmente al periodo 1950-2010, en el contexto económico, político, social, internacional e histórico. Lo anterior en el ámbito capitalista caracterizado por la propiedad privada de las empresas, y caracterizado por fenómenos de dominación-dependencia entre naciones hegemónicas y subdesarrolladas, entorno en el cual México se ubica. No nos ocupamos de países socialistas.

Justificación. La construcción del conocimiento básico de la administración implica revisar el comportamiento de empresas y gobiernos en su contexto mundial e histórico, a efecto de conocer y comprender, con rigurosidad, los problemas y perspectivas de desarrollo de esas instituciones, como entidades de gran impacto económico, social y nacional, para con ello desarrollar explicaciones teórico científicas. Tal conocimiento básico resulta indispensable para diseñar estrategias y técnicas, esto es, conocimiento aplicado, acorde a nuestra realidad, necesidades y circunstancia histórica-geográfica. De manera no menos importante, la promoción de la conciencia y acción ciudadana en favor del desarrollo y la resolución de problemas nacionales es competencia de los administradores, tanto en su papel de ciudadanos, como por su profesión estrechamente vinculada a la conducción de tan importantes elementos socioeconómicos como son las organizaciones.

Así, en la práctica, mostramos aquello que ya hemos hecho notar: el conocimiento científico técnico desarrollado en otros países y en otras épocas no atiende los problemas y necesidades de México. Naturalmente cada quien se ocupa de lo suyo y de lo que le conviene, por lo que resulta indispensable que cada país desarrolle conocimiento para sus propios fines. No hacer investigación y desarrollo propio favorece la dependencia.

El comercio internacional es tema obligado de diversas profesiones, puesto que en todo caso las involucra de alguna manera. La formación y capacitación en comercio exterior permitirá contribuciones directas e indirectas para lograr el equilibrio vital y estratégico para el país; por lo mismo y con mayor razón son temas que competen a la Administración Pública y a la Administración de Empresas. Sin embargo, los textos y los planes de estudio correspondientes hacen caso omiso de ello, lo cual propicia que los profesionales de estos campos no presten el servicio que demanda el país, y hace que esos profesionales pierdan excelentes oportunidades para servir y lograr el deseado desarrollo personal y económico. Es tiempo de corregir estas deficiencias.

CAPÍTULO 5

MÉXICO: CONTEXTO HISTÓRICO E INTERNACIONAL. ¡ES TIEMPO DE LEVANTAR EL ESPÍRITU!

Introducción.

Si bien México tiene problemas en muy diversos campos, al igual que el mundo, la humanidad o la vida, tales problemas son oportunidades de estudio, comprensión y acción; son el reto al intelecto, a la conciencia, al deseo de ser mejores y construir un mundo mejor.

Necesitamos conocer y comprender aspectos cruciales que determinan el ser social de los pueblos que conforman al México actual, a efecto de poder explicarnos la situación en que se encuentra el país, así como las posibles acciones que pueden modificar la situación. En consecuencia, hacemos aquí una breve y elemental revisión histórica para los fines del presente documento.

Imperio Azteca.

Los aztecas llegaron a lo que hoy es la Ciudad de México en los primeros años del siglo XIV, sólo 200 años antes que los españoles. Para entonces ya existían asentadas en la región numerosas culturas, algunas de ellas milenarias, como la Olmeca, la Otomí, o la Maya, la Mixteca en el sureste o la Purépecha en occidente. Teotihuacán había sido abandonada en el siglo IX, 6 siglos antes de la llegada de los aztecas.

Con esto queremos hacer notar que los aztecas eran pobladores muy recientes en la región cuando llegaron los españoles. Los aztecas, sin embargo, en menos de dos siglos se hicieron de un enorme imperio: violentaron, sometieron, saquearon e hicieron tributarios a sus vecinos.

Naturalmente, con tales antecedentes, los aztecas eran odiados y temidos. De esto se valieron los españoles que aliados con algunos pueblos sometidos, derribaron a Moctezuma, rey de los aztecas, supersticioso e incompetente, que abrió de par en par las puertas del Imperio y recibió a los españoles como dioses, sin la previsión militar y de seguridad necesarias. Así lo reconoció su pueblo y por tanto Moctezuma murió apedreado cuando obligado por los españoles salió al balcón de palacio a pedir colaboración con los invasores.

Cuitláhuac, nuevo rey azteca dirigió la resistencia pero murió de viruela, enfermedad traída por los españoles, la que diezmó considerablemente a la población y contribuyó a la derrota de los nativos. Cuauhtémoc al mando enfrentó tenazmente a los españoles pero finalmente derrotado, hecho prisionero y torturado, fue llevado ante los diversos gobernantes que tributaban al imperio azteca para que se sometieran.

La estructura imperial de dominación y explotación azteca fue conservada y aprovechada por los españoles para cimentar su propia estructura de dominación y saqueo.

Los aztecas tuvieron una enorme responsabilidad en cuanto a la conquista al haber creado las mencionadas condiciones de conflicto interno que aprovechó el invasor, y por haber sido incapaces de enfrentar, con su enorme imperio y experiencia militar, a un puñado de aventureros.

Colonia Española.

Los españoles no vinieron a América para crear una nueva nación, libre, próspera, soberana y democrática; vinieron a extraer cuanta riqueza encontraran, para llevarla a Europa, sometiendo, esclavizando y saqueando a la población nativa.

Suele pensarse que España trajo a América la Modernidad: la educación, la civilización, y la cultura europea del momento; pero los españoles no eran vanguardia en Europa de civilización, cultura ni tecnología, como no lo fueron después ni lo son en la actualidad, aún con las inmensas riquezas saqueadas de América. La Historia muestra que España, en pleno siglo XVI, implantó en América no el sistema feudal que ya estaba en proceso de abandono superado por el naciente capitalismo; España trajo a América el sistema esclavista, anterior al siglo V europeo, con lo cual la conquista significó para América Latina una regresión de más de mil años. Ese sistema esclavista, muy probablemente, es la raíz del gran atraso de la región hoy, en el siglo XXI.

América Latina fue colonizada por los españoles 150 años antes que Norteamérica fuera colonizada por anglos, francos y sajones. Entonces, en teoría, AL con cuantiosos y ricos recursos naturales debiera estar más avanzada cultural, científica y económicamente que Norteamérica. Sin embargo, América Latina se encuentra en el subdesarrollo, miseria y dependencia debida en gran medida al saqueo y la educación esclavista del coloniaje español.

¿Por qué Norte América (EUA y Canadá) se encuentran en un estado científico, técnico, económico, cultural y deportivo, más avanzado que América Latina? Dato de la mayor importancia es que cuando ingleses y franceses llegaron a América se habían liberado ya de la férula de la Iglesia Romana autonombrada <Católica y Apostólica> (que en adelante llamaremos simplemente IR) y habían con ello avanzado al desarrollo científico, técnico e industrial, a diferencia de España. Se habían liberado de Roma en virtud del Protestantismo Luterano (Alemania, 1517), de la separación de la Iglesia Anglicana (Inglaterra, 1534), y de la Revolución Francesa (1789). España, en cambio, continuaba bajo el influjo del catolicismo, y estaba muy lejos del desarrollo de Inglaterra y Francia. Este atraso fue lo que la llevó a España a reimplantar en América la esclavitud y la proverbial crueldad romana, a través del órgano especializado en tortura y asesinato sádico de la Iglesia Romana; es decir, la Inquisición. La tortura y asesinato públicos que la Inquisición practicaba tenían decididos fines <educativos> para someter al pueblo, como veremos.

El sistema romano condicionaba a los pueblos sometidos a la producción de artículos obtenidos del suelo mediante trabajo esclavo, reservándose, el Imperio Romano, el monopolio de la producción y comercialización de bienes elaborados, que por supuesto le resultaban económicamente más convenientes. La educación, obligadamente, servía al aparato productivo y al imperio. En el Imperio la ciencia, la tecnología y la cultura eran favorecidas. En cambio, en las provincias las masas eran privadas de educación, y las clases dominantes la recibían orientada a hacerse obedecer, enriquecerse, guardar fidelidad y comunicarse fluidamente con la metrópoli. Saber latín, adoptar leyes, conceptos y nomenclatura científica en latín eran lo propio para adquirir notoriedad, autoridad; para mostrar, empatía, obediencia e identidad con los amos romanos. Saber latín era parte de la aculturación y educación para servir al Imperio. La liturgia romana hasta hace algunas décadas se oficiaba aún en latín.

Según Rafael Lapesa (1981), el latín es una lengua que fue hablada en la Antigua Roma, en la Edad Media y en la Edad Moderna, llegando incluso a la Edad Contemporánea en Occidente, pues se mantuvo como lengua científica [y litúrgica de la Iglesia Romana hasta nuestros días]. Su nombre deriva de una zona geográfica de la península itálica donde se desarrolló Roma, el Lacio (en latín, *Latium*).

Pero la lengua más culta de Europa no fue necesariamente el latín; y no por culta se adoptó como lengua para las ciencias. Se impuso por la larga dominación militar imperial de Roma sobre gran parte de Europa, y más tarde por la dominación militar y colonialista de España y Portugal sobre amplias regiones de América. Se ha denominado <latinos> a los pueblos europeos dominados por el Imperio Romano, y más tarde a los pueblos dominados por España y Portugal en América. En la Historia ha sido usual que a los vencidos se les imponga el nombre de sus amos. Como sucede hoy a los pueblos que fueron sometidos por los aztecas o mexicas, que se les llama mexicas o mexicanos, es decir, el nombre de sus odiados verdugos. Para los pueblos nativos no aztecas que hoy sobreviven, ser llamados mexicas, mexicanos o hispanos, resulta una humillación adicional al sometimiento y despojo sufrido.

Educación diferenciada para amos y esclavos; para vencedores y vencidos

En las provincias romanas --para los vencidos-- las condiciones de esclavitud imponían una educación, no para formar pueblos desarrollados, cultos y libres, sino una educación orientada a formar pueblos ignorantes, sometidos, resignados, al trabajo forzado, miserable, peligroso y mortal. Al pueblo se le educaba en la obediencia, en la creencia de la propia minusvalía y debilidad; en la admiración y respeto por sus verdugos.

Entonces, la Historia nos muestra cómo desde la Edad Antigua fueron desarrolladas la **educación clasista** para ricos y pobres; y la **educación imperialista** para vencidos y vencedores.

Considerar a la Iglesia Romana es de importancia ya que, además de dominar políticamente en Europa durante la Edad Media, la que duró más de mil años, la Iglesia Romana impartió educación oficial en ese continente y en las colonias españolas por varios siglos más: La Iglesia Romana caló profundamente en el pensamiento, en el <saber> (en la ignorancia, deberíamos decir) de los pueblos en que actuó, con una enorme y desproporcionada autoridad, fuerza y brutalidad.

Educación para la sumisión.

Pero... ¿Cómo es que la Iglesia Romana educaba, si esta institución era la más aguerrida y conspicua enemiga de la ciencia y el saber? Recordemos que la IR, aún en el siglo XVII, después incluso del <descubrimiento> de América (s. XV), condenaba a ser quemados vivos públicamente a los científicos que afirmaban teóricamente la redondez de la Tierra y el heliocentrismo, como Giordano Bruno (ejecutado en 1600) y Galileo Galilei (condenado en 1633). Esos conocimientos no eran nuevos, pues se remontaban ya en aquel entonces a dos mil años de antigüedad entre los griegos, quienes habían medido, incluso, con gran aproximación la circunferencia del mal llamado <planeta>. Mal llamado así por la IR bajo la afirmación de que es plano. El concepto de Tierra esférica data de la filosofía griega antigua de alrededor del siglo VI a. C. y el concepto de heliocentrismo data del siglo II a. C. Además, ya en el siglo XVI existía la evidencia empírica de la esfericidad de la Tierra, corroborada por Fernando de Magallanes y Juan Sebastián Elcano en su expedición de circunnavegación del mundo (1519-1521). Pero la Iglesia Romana no cedía ni siquiera ante las evidencias, tal como hoy continúa haciéndolo.

Reflexionemos: si Copérnico (Polonia, 1473-1543), Newton (Inglaterra, 1643-1727), Kepler (Alemania, 1571-1630) o Darwin (Reino Unido, 1809-1882) hubieran nacido en España, no habrían sobrevivido, pues la Iglesia Romana se hubiera encargado de torturarlos públicamente hasta la muerte, como <lección> para que el pueblo <aprendiera> que no tenía otro camino que someterse o sufrir consecuencias. Para enmascarar sus crímenes, la Iglesia Romana acusaba de <herejía> a quienes desobedecían de cualesquier forma, y ese término, ambiguo pero mortal, resultaba eficaz para someter:

> Bajo la Inquisición, pensar y opinar era peligroso; leer, publicar libros, descubrir, inventar, mostrar inteligencia ¡Podía ser causa de tortura y muerte horrenda!

Desde luego, las horrendas torturas eran suficiente y poderosa educación para marcar de por vida, por generaciones y por siglos la actitud del pueblo: los padres de familia tenían que educar a sus hijos en la sumisión y obediencia absolutas, incluso con drástica violencia, para protegerlos de la salvaje y demencial crueldad del clero. Aquí observamos la doble moral imperante: predicar amor, piedad, misericordia, verdad, respeto a la vida, honradez, humildad, castidad, etc. y hacer exactamente lo contrario, sin recato alguno, con un cinismo que raya en doble personalidad, en esquizofrenia. Esa es la educación anticientífica que heredamos en América Latina, misma que por todos los medios a nuestro alcance debemos superar.

Es evidente que los adelantos científicos de la Grecia antigua y otros pueblos se perdieron en gran medida en occidente bajo el obscurantismo medieval y del Imperio Romano; conocimientos que ponían en evidencia las falacias de los dogmas. En consecuencia, en los sistemas esclavistas, imperialista y medieval, la educación consistía en palabrería: doctrina, latín, oratoria; no se enseñaba ciencia ni modernidad. La educación que impartía la Iglesia Romana, a todas luces y sin lugar a dudas, tenía la finalidad real de sumir al pueblo en el terror, la superstición, la culpa, la resignación, la obediencia y en la ignorancia. Esta educación falaz probó gran eficacia como el medio más poderoso de sometimiento durante mil quinientos años.

Así fue la educación para los nativos de México, una Educación diferenciada para amos y esclavos; para vencedores y vencidos. Y es parte de nuestro ser actual.

Lección importante que aquí observamos en la Historia es que, la educación, por milenios, se ha puesto al servicio de la opresión, la ignorancia y el fanatismo, y existen indicios de que en la actualidad sigue empleándose para los mismos fines.

Desde luego que si de someter se trataba, la Iglesia Romana tenía razón en cuanto a combatir el conocimiento científico, pues a partir de la imprenta (s. XVI) la divulgación del conocimiento condujo al Renacimiento Italiano, el Protestantismo Luterano, la Revolución Industrial, la Ilustración y la Revolución Francesa. Eventos todos que contribuyeron al desmoronamiento de la dominación romana y la caída del sistema medieval monárquico aristocrático.

> Otra lección de la Historia: Las personas pueden eficazmente, como en los siglos XV a XVIII, salir de la ignorancia y hacerse responsables de su propia educación, para así conocer y comprender el mundo, conocer y defender sus derechos, alcanzar su propia liberación.

¿De quién se independizaron los <Indios>?

Dato importante es que, después de haber excomulgado, condenado y ejecutado a Hidalgo y a Morelos, iniciadores de la Guerra de Independencia, el clero promovió la consumación de dicha independencia en 1820 (ver Conspiración de La Profesa, México, 1820), pero para preservar sus riquezas y su poder político, pues pretendía protegerse del Liberalismo que avanzaba ya en España, desde la invasión francesa en 1808, liberalismo que preconizaba la eliminación del poder temporal de la Iglesia: El clero instigó a la consumación de la <Independencia> convocando a militares y terratenientes bajo la bandera de ¡Religión y Fueros!.

La <Independencia> de AL fue, en realidad, la independencia de los criollos y el clero respecto de la Corona Española, a la cual dejaron de enviar las inmensas riquezas saqueadas, para disponer de ellas en su propio beneficio. Por esta razón, la llamada <Independencia> derivó en mayor enriquecimiento y poder para los criollos y la Iglesia Romana, reafirmando así para ellos la posición de clase dominante. Por lo anterior, la esclavitud en América Latina subsistió, como dan cuenta diversos autores, entre otros, señaladamente, John Kenneth

Turner en su obra <México Bárbaro>, 1908, un siglo después de la <Independencia>.

Los <indios> no fueron restituidos como dueños y gobernantes del territorio. Los europeos no fueron expulsados ni sus riquezas decomisadas.

Si bien la Historia oficial omite esto, es importante resaltar el hecho observable de que: al triunfo de la <Independencia> en los diversos países de AL (s. XIX), los mal llamados <indios> no fueron restituidos como dueños y gobernantes del territorio. Los europeos no fueron expulsados ni sus riquezas decomisadas, como corresponde a un verdadero triunfo de independencia (tal como sucedió en la propia España al liberarse esta de la dominación de los moros en el siglo XV). Sobre todo debe resaltarse que: luego de la Independencia de América Latina las estructuras coloniales de dominación social y de explotación económica continuaron intactas, lo que incluye a la Iglesia Romana como autoridad educativa oficial. Los lujosos clubes, hospitales y demás instituciones exclusivas para españoles, gallegos, asturianos, etc. son muestra del nivel de riqueza que esos grupos siguieron gozando después de la independencia. Ni siquiera con reformas del Estado o con las revoluciones sociales, las estructuras de dominación han sido desmanteladas, pues hoy día, terratenientes y caciques —auténticos <señores feudales>-- descendientes de los <conquistadores>, continúan gobernando y saqueando a las naciones latinoamericanas, en favor propio y en favor del Imperio, ahora del norteamericano, conforme a la vocación que les es propia, derivada de sus antecedentes históricos de antidemocracia, corrupción, y represión cruel de sus pueblos. Sobra decir que los indígenas continúan viviendo ignorancia, superstición, fanatismo, miseria, discriminación, y explotación.

Hoy día, las empresas, el aparato productivo latinoamericano, continúa orientado a la extracción de las riquezas del suelo y a la importación de bienes industrializados, donde la educación de masas sigue siendo altamente autoritaria, clasista e imperialista, orientada a formar alumnos pasivo-inactivos, <receptores> de conocimientos supuestamente acabados e inmutables (dogmas), alumnos preparados únicamente para realizar labores simples... Y la educación preferente donde se educa para gobernar (liderar), hacer política, dinero, negocios. Y como resultado del <currículum oculto> menospreciar a los vencidos, a los despojados, a los <indios>. He aquí, otra vez, la doble moral propia de las sociedades altamente corruptas, con enormes y costosos aparatos burocráticos de control.

Mutilación del 55% del Territorio.

Pese al enorme poder y riquezas de los grupos que heredaron el poder de gobierno de la Nueva España, estos grupos no fueron capaces de crear un Estado fuerte y eficaz para el control y defensa del territorio; y una vez más, como sucedió a los aztecas, criollos y españoles fueron despojados de gran parte del mismo. Se encontraban ocupados en satisfacer sus particulares ambiciones de corto plazo, por medio de saquear y debilitar al Estado. Esto es tradición en México hasta nuestros días.

A la Independencia siguió inestabilidad y caos político entre grupos que se disputaban el poder y la consecuente debilidad de las instituciones del Estado, señaladamente en el ejército. De ahí derivó lo siguiente:

Invasión Norteamericana a México, 1846-1848.

Tiene sus antecedentes en las políticas expansionistas de Estados Unidos que se venían observando desde la anexión de Florida en 1803, y con la compra de Louisiana en 1809.

Al lograr México su independencia, Estados Unidos intentó anexarse la provincia mexicana de Texas, sin lograrlo. En 1829 EUA insistió y ofreció cinco millones de dólares por el territorio de Texas, oferta que fue rechazada.

Se inició entonces un proceso de ocupación de miles de emigrantes norteamericanos, con o sin permiso de las autoridades mexicanas. Texas declaró su independencia de México en 1836 y en 1845 ingresó a la federación norteamericana como un estado más de la Unión, lo que desencadenó los sucesos que habrían de conducir a la guerra. En esos años, de nueva cuenta, EUA intentó comprar los territorios de Alta California y Nuevo México, donde se habían detectado grandes yacimientos de oro.

Así, el 13 de mayo de 1846 el Congreso de los Estados Unidos declaró la guerra a México. El presidente de México, en ese momento,

Santa Anna, marchó personalmente, lo que a todas luces fue un craso error, para enfrentarse en la Batalla de la Angostura el 22 y 23 de febrero de 1847. Allí, a pesar de ir ganando la batalla, al caer la noche interrumpió el combate declarándose vencedor y emprendió una inmediata retirada que en la práctica equivalió a una derrota y que sorprendió al mismo enemigo.

Más tarde los rebeldes vencieron a las tropas al mando de Santa Anna, quien fue capturado y firmó en prisión el reconocimiento de la independencia del nuevo estado y la nueva frontera del río Bravo. El Congreso de México desconoció la validez de ese documento.

México fue ocupado en diversos puntos de su territorio por las tropas norteamericanas, y la bandera de EUA ondeó en Palacio Nacional, en la Capital del país en 1847. La firma del Tratado de Guadalupe Hidalgo, en la Ciudad de México, el 2 de febrero de 1848, otorgó el control a EUA sobre lo que hoy son los Estados de Arizona, California, Nevada, Utah, Nuevo México y partes de Colorado, Wyoming, Kansas y Oklahoma, los que abarcan más de 2.100.000 km^2 de tierra, el 55% de su territorio de entonces, más territorio del que actualmente posee México. Para algunos, Santa Anna fue un traidor por no haber entregado la totalidad del territorio, para que los mexicanos fueran hoy parte del país más poderoso y dejaran de padecer a los herederos de los españoles que siguen gobernando.

Dictaduras, Invasiones, Revoluciones...

En 1854, apenas 6 años después de la invasión norteamericana, gobernaba Antonio de Santa Anna, como dictador, aliado al el clero cuyas riquezas habían aumentado escandalosamente. Pero en el gobierno no había fondos pese a que la Intervención estadounidense había dejado las arcas llenas de pesos de oro. La corrupción era evidente, no existían garantías individuales, y la oposición era tratada con mano de hierro; los liberales desterrados se avecindaron en EUA, entre ellos, Benito Juárez, Melchor Ocampo, Ignacio Ramírez, Miguel Lerdo de Tejada y Guillermo Prieto. Sobrevino entonces la **Revolución de Ayutla**, lo que derribó a Santa Anna llevó a los liberales al poder. Una junta nombró presidente interino al general Juan N. Álvarez y después a Ignacio Comonfort. También convocó al Congreso que promulgó la Constitución de 1857.

El equipo de Comonfort preparó algunas leyes que promovieron cambios importantes. La Ley Juárez, de 1855, suprimió los privilegios del clero y del ejército, y declaró a todos los ciudadanos iguales ante la ley. La Ley Lerdo, de 1856, obligaba a las corporaciones civiles y eclesiásticas a vender las casas y terrenos que no estuvieran ocupando a quienes los arrendaban. La Ley Iglesias (por José María Iglesias), de 1857, regulaba el cobro de derechos parroquiales.

En 1861 el gobierno de Juárez decretó la suspensión de pagos de la deuda externa. Entonces Francia, que había invadido México en 1836 pretextando ridículos reclamos por el pago de ciertos pasteles, ahora por la suspensión de pagos de la deuda pública declaró la guerra e invadió México, e impuso como emperador a Maximiliano de Augsburgo, quien gobernó México hasta 1867, en que las tropas triunfantes republicanas bajo el gobierno itinerante de Juárez lo derrocaron y fusilaron.

Lugo sobrevino la dictadura de Porfirio Díaz, la cual duró 34 años, de 1876 a 1910. La guerra de revolución que derrocó a Díaz se inició en 1910 y se prolongó durante diez años. Se inició entonces la dictadura sexenal del partido de Estado, el PRI, que gobernó hasta el año 2000 y ha vuelto al poder en 2012.

CAPÍTULO 6

MÉXICO HOY: PAÍS INMENSAMENTE RICO; PÉSIMAMENTE ADMINISTRADO. LA MITAD DE LA POBLACIÓN NO CUBRE NECESIDADES BÁSICAS; UN QUINTO PADECE HAMBRE ¿ADMINISTRACIÓN RACIONAL?

Por su *extensión territorial* de casi dos millones de kilómetros cuadrados, México es el 15° país más grande del mundo, entre doscientos cuarenta y seis países (Ver cuadro 1). Por su *población* México ocupa el lugar número 11 en el mundo; en América ocupa el tercer lugar, después de EUA y Brasil (Ver cuadro 2).

México es la 2ª *economía* más grande de América Latina y la 3ª de toda América después de E. U. A y Brasil. (Ver cuadro 3). Es la 14ª economía más grande del mundo —aunque en 2001 fue la novena; esto es que ha retrocedido frente al avance de otros países.

Cuadro 1.
Países con Mayor Territorio en el Mundo. Selección.

1	Rusia	17.098.242
2	Canadá	9.984.670
3	EUA	9.826.675
4	China	9.596.961
5	Brasil	8.514.877
6	Australia	7.741.220
7	India	3.287.263
8	Argentina	2.780.400
14	Arabia S.	2.149.690
15	**México**	**1.964.375**
20	Perú	1.285.216
26	Colombia	1.138.914
28	Bolivia	1.098.581
33	Venezuela	916.445
38	Chile	756.102
42	Francia	643.801
51	España	505.370
61	Japón	377.915
62	Alemania	357.022
71	Italia	301.340
79	Reino Unido	243.610
105	Cuba	110.860
134	Suiza	41.277
151	Israel	22.072
246	Cd. Vaticano	0.44

Datos del CIA World Factbook 2008 actualizados al 28 de febrero de 2008. Consultados el 5 de Julio 2011.

Cuadro 2.
Países Más Poblados del Mundo. Selección.

Lugar	País	Población	% Mundo	Incremento
1	China	1.347.565.000	19,39	0,46
2	India	1.241.492.000	17,86	1,38
3	EUA	313.085.000	4,50	0,87
4	Indonesia	242.326.000	3,49	1,02
5	Brasil	196.655.000	2,83	0,88
9	Rusia	142.836.000	2,06	-0,09
10	Japón	126.497.000	1,82	-0,03
11	**México**	**114.793.000**	**1,65**	**1,21**
14	Alemania	82.163.000	1,18	-0,17
21	Francia	63.126.000	0,91	0,54
22	R. Unido	62.417.000	0,90	0,61
23	Italia	60.789.000	0,87	0,39
27	España	46.455.000	0,67	0,82
28	Colombia	46.927.000	0,68	1,37
31	Argentina	40.765.000	0,59	0,87
36	Canadá	34.350.000	0,49	0,98
41	Venezuela	29.437.000	0,42	1,58
60	Chile	17.270.000	0,25	0,91
75	Cuba	11.254.000	0,16	-0,04
80	Bolivia	10.088.000	0,15	1,59
95	Suiza	7.702.000	0,11	0,50
105	Salvador	6.227.000	0,09	0,55
108	Nicaragua	5.870.000	0,08	1,42
118	C. Rica	4.727.000	0,07	1,46
127	P. Rico	3.746.000	0,05	-0,08
131	Panamá	3.571.000	0,05	1,54
132	Uruguay	3.380.000	0,05	0,33
#	Mundo	**6.950.420.000**	**100,00**	**1,14**

Elaboración propia. Fuente: Base de Datos Internacional (International Data Base, IDB), de la Oficina del Censo de los Estados Unidos (*United States Census Bureau*).

Cuadro 3.
Mayores Economías en el Mundo.
Cifras en Miles de Millones de USD

1	EUA	14.624.184
2	China	5.745.133
3	Japón	5.390.897
4	Alemania	3.305.898
5	Francia	2.555.439
6	Reino Unido	2.258.565
7	Italia	2.036.687
8	Brasil	2.023.528
9	Canadá	1.563.664
10	Rusia	1.476.912
11	India	1.430.020
12	España	1.374.779
13	Australia	1.219.722
14	**México**	**1.004.042**
15	Corea del Sur	986.256
16	Países Bajos	770.312
17	Turquía	729.051
18	Indonesia	695.059
19	Suiza	522.435
20	Bélgica	461.331
21	Suecia	444.585
22	Polonia	438.884
23	Arabia S.	434.440
24	Taiwán	426.984
25	Noruega	413.511

Fondo Monetario Internacional. Perspectivas Económicas Mundiales 2011.

Energía y recursos naturales. México posee inmensos recursos naturales. Abundan todo tipo de minerales. A lo largo de la historia ha sido el primer productor mundial de oro y plata. Sus litorales poseen abundante pesca y por su biodiversidad se clasifica entre los primeros 17 países más diversos del mundo. Los recursos naturales según nuestra Carta Magna son consagrados como "propiedad de la nación". El sector energético es administrado por el gobierno federal, hasta hoy con inversión privada limitada.

Cuadro 4.
Mayores Productores de Petróleo en el Mundo

Puesto	País	Producción	Periodo
1	Rusia	10,120,000	2010
2	Arabia Saudita	9,764,000	2009
3	Estados Unidos	9,056,000	2009
4	Irán	4,172,000	2009
5	China	3,991,000	2009
6	Venezuela	3,524,000	2009
7	Canadá	3,289,000	2009
8	**México**	**3,231,000**	**2009**
9	Emiratos Árabes	2,798,000	2009
10	Brasil	2,572,000	2009

Tomada de http://www.petroleomexico.com/

México es el **octavo productor de petróleo más grande del mundo, entre 110 países productores** (Ver cuadro 4), produciendo **tres millones de barriles diarios.** Pemex vende más de **86.000 millones USD al año,** cifra superior al PIB de varios países de la región; Pemex es la 2ª empresa más grande de Latinoamérica, paga impuestos cercanos a 62% de sus ingresos, los que representan un tercio de los ingresos gubernamentales, lo cual le hace la fuente más importante de ingresos para el gobierno federal.

Remesas de trabajadores mexicanos radicados en EUA. En EUA viven más de 30 millones de mexicanos, y emigran legal e ilegalmente medio millón por año en busca de empleo y oportunidades, con riesgo incluso de su vida e integridad.

Cuadro 5.
Remesas de Trabajadores Mexicanos desde EUA
Millones de Dólares Americanos

Año	Remesas de Trabajadores
1994	3,475
1995	3,673
1996	4,224
1997	4,865
1998	5,627
1999	5,910
2000	6,573
2001	8,895
2002	9,814
2003	15,139
2004	18,332
2005	21,688
2006	25,567
2007	26,050
2008	25,139
2009	21,245
2010	21,271
Total	227,484

Fuente: Elaboración Propia. Tomado de: Principales Indicadores Económicos, 1994-2010. Elaborado por el CEFP con datos del INEGI, SHCP, Banco de México y Federal Reserve Bank of St. Louis, EU.

Lamentablemente, esos mexicanos son calificados, con ligereza, de apátridas; y cuando regresan a México son esquilmados, robados sus ahorros, y corren toda suerte de peligros al internarse en el territorio. La ayuda de las autoridades a los trabajadores mexicanos en EUA, no se compara con los recursos destinados a las empresas.

México es el tercer país que más remesas percibe del exterior, superado sólo por India y China. Las remesas ya se habían convertido en 2004 en la segunda fuente de ingreso extranjero después de las exportaciones de petróleo, eran equivalentes a la inversión extranjera directa (IED), y superiores al ingreso por turismo, representando así el 2,5% del PIB nacional.

El crecimiento de las remesas ha sido acelerado, como puede observarse en el cuadro anterior, duplicándose una y otra vez en sólo 16 años. Los principales estados receptores de remesas en el 2004 fueron Michoacán, Guanajuato, Jalisco, México y Puebla, los cuales capturaron en conjunto el 45% del total de las remesas de ese año. Reiteramos: Los trabajadores mexicanos radicados en el extranjero constituyen una fuente de ingresos externos similar al petróleo y llegan a superar a la actividad turística, la cual cuenta con una enorme infraestructura, además de múltiples, diversos y cuantiosos apoyos institucionales del gobierno.

Las contribuciones enviadas por los trabajadores mexicanos radicados en EUA a sus familias en México son fuente sustancial y creciente de la economía mexicana.

Turismo. México cuenta con gran cantidad de atractivos turísticos y es favorecido con la cercanía de la nación más exportadora de viajeros, los EUA. Los ingresos por turismo ocupan un lugar cercano a los ingresos del petróleo y son una fuente importante de ingresos externos para el país. Esta rama empresarial tiene aún un enorme potencial de crecimiento para México.

Sector financiero y bancario. En los últimos 20 años la banca ha sido vendida casi en su totalidad a extranjeros. Sólo sobrevive un banco propiedad de mexicanos, Banorte. La venta de Banamex (una de las instituciones financieras más grandes y antiguas de México) a Citigroup ha sido hasta hoy la enajenación más grande de la historia del país. Banamex genera tres veces más ingresos que las 16 subsidiarias de CITIBANK en el resto de Latinoamérica. Actualmente Bancomer es la institución financiera más grande del país y fue vendida al banco español BBVA. Esta es una de las formas en que se manifiesta la enorme y creciente dependencia del país, al pasar las más importantes y estratégicas instituciones a manos de extranjeros.

Gobierno y banca central. El Banco de México es el banco central del país, una institución pública autónoma, en su gestión interna, cuyo gobernador es nombrado mediante mecanismos de elección interna, y ratificado por el Congreso de la Unión, ante el cual es responsable. Legalmente el objetivo principal del Banco de México es lograr la estabilidad del poder adquisitivo y de la moneda nacional. Hasta hace algunos años, durante la administración de López Portillo, el

Banco de México era una Sociedad Anónima, es decir, una empresa que administraba el tesoro de la Nación, y el ejecutivo nombraba al director prácticamente de manera autónoma; de ahí los desastrosos resultados económicos que se observaron esos años con grave perjuicio para México.

Moneda mexicana. El peso mexicano sistemáticamente se mantiene sobrevaluado respecto del dólar de los EUA, lo cual es la causa principal e incuestionable del persistente déficit comercial externo, el endeudamiento nacional y las crisis recurrentes del país, como lo explicamos en el capítulo 10. El peso mexicano fue reemplazado en 1993 a razón de 1000 antiguos pesos por 1 <nuevo peso>; esto debido a la constante y profunda devaluación que sufrió el peso desde 1975, como se puede observar en el cuadro 22, página 156.

Política cambiaria. Desde 1995 México adoptó –oficialmente— el régimen de *libre flotación* del peso mexicano. Bajo este sistema –teóricamente— el valor de la moneda nacional es regulado por la oferta y la demanda y el Banco de México no establece el nivel de la paridad. Sin embargo, el BM *acumula enormes reservas internacionales* e incide en la fijación de la paridad, siempre sobrevaluando la moneda nacional frente al dólar. Al 17 de mayo de 2013, las reservas internacionales del Banco de México ascendieron a *167 mil 498 millones de dólares.* Véase: Banco de México. Reservas Internacionales (semanal). La analista Alma Saavedra comentaba ya en 2011:

> **Reservas suben como la espuma.** El saldo de las reservas internacionales de México acelera su crecimiento, toda vez que en los primeros cinco meses del 2011 estas crecieron 14,559.5 millones de dólares, poco más del doble de lo que repuntaron en el mismo periodo del año pasado en el que aumentaron 7,184.2 millones de dólares, de acuerdo con cifras del Banco de México (Banxico). Al cierre del viernes pasado las reservas internacionales de México hilaron su quinta semana en niveles máximos consecutivos, al ubicarse en 128,508.9 millones de dólares. (Saavedra, Alma: 2011).

Tratados de Libre Comercio de México. ¿Por qué se requieren tratados de libre comercio, si se supone que el libre comercio es la esencia misma del <sistema de libre comercio>, desde hace 200 años? Es evidente que el proteccionismo comercial entre las naciones ha triunfado. Pero México es uno de los países que menos ha protegido su comercio externo. México se unió al GATT en 1986 y hoy día participa en la Organización Mundial del Comercio. Ha firmado 12 tratados de libre comercio con 43 países, con entrada en vigor como sigue: Colombia y Venezuela (1995); Costa Rica (1995); Bolivia (1995); Nicaragua (1998); Chile (1999); Unión Europea (2000); Israel (2000); Guatemala, El Salvador y Honduras (2001); Europa, Islandia, Noruega, Liechtenstein y Suiza (2001); Estados Unidos y Canadá (2004); Uruguay (2004); y Japón (2005).

El TLCAN es el bloque comercial más grande del mundo, pero también el más desequilibrado: Existe una brecha abismal entre los niveles de desarrollo de México y EUA, entre México y Canadá. Las disputas más significativas que se han presentado son la libre circulación de transportes de carga de México a los Estados Unidos, conflictos con la producción de azúcar, y la continuidad de algunos embargos en frutas o verduras en las que México tenía ventaja comparativa (como el aguacate y el tomate), la mayoría de los cuales ya han sido eliminados.

Breves Datos de las Administraciones Públicas del periodo en Estudio.

México 1900. El Producto interno bruto (PIB) *per capita* a principios de 1900 estaba a la par del de Argentina y Uruguay, casi tres veces más que el de Brasil y Venezuela. El crecimiento económico anual promedio entre 1876 y 1910 fue de 3,3%. Sin embargo, la represión política y la repetida reelección de Porfirio Díaz, así como *la enorme desigualdad del ingreso* fueron las principales causas de la **Revolución Mexicana**, conflicto armado que afectó profundamente la vida política, económica, social y cultural, del país durante el siglo XX. Algunos historiadores sostienen que se trató de una <***Revolución Interrumpida***>, una revolución que no triunfó (Gilly, Adolfo:1972).

1932-1970. El periodo 1930 a 1970, fue denominado por algunos historiadores como el "Milagro Económico Mexicano", etapa de crecimiento económico acelerado estimulado por el modelo Industrialización con la Sustitución de Importaciones (ISI), el cual protegía y promovía la industria nacional, por lo que las industrias se expandieron rápidamente. El modelo de industrialización por sustitución de importaciones (ISI) llegó a su última expansión a finales de la década de 1960. El PIB en 1970 era seis veces superior al de 1940, mientras que la población sólo se duplicó en el mismo período.

Debe resaltarse que para proteger la balanza externa los gobiernos sucesivos de la época referida ejercieron políticas arancelarias proteccionistas; además otorgaron fuertes créditos a la industria privada a través de Nacional Financiera (NAFINSA). La política de paridad fija de la moneda nacional sostenida durante 4 décadas generó una moneda altamente sobrevaluada, déficit comercial exterior, una abultada deuda externa para sostener el déficit comercial, y fuertes presiones inflacionarias que estallarían en los años setentas. *La intervención constante de los gobiernos en la economía es notable.*, Sólo protestan en contra de ella los empresarios cuando no son los favorecidos.

Administración de Luis Echeverría Álvarez, 1970-1976. Por la gestión poco afortunada de este gobierno, y más aún por las presiones económicas gestadas de 1930 a 1970, en 1975 inició la inestabilidad cambiaria. Aunque el modelo de Industrialización por Sustitución de Importaciones (ISI) había producido el crecimiento industrial en décadas anteriores, también había sobreprotegido a las empresas, lo que al final las condujo a ser poco competitivas en el exterior, poco rentables y poco productivas. En la administración Echeverría, la paridad cambiaria pasó $12.50 pesos por dólar en 1970, a $23.00 en 1976. Devaluación cercana al 100%

Administración de José López Portillo, 1976-1982. Con el descubrimiento de nuevos yacimientos petroleros cuando los precios se encontraban en máximos históricos y las tasas de interés en mínimos --incluso negativas (es decir, se ofrecían pagos a los gobiernos por endeudarse, así como <años de gracia> para iniciar a pagar); los préstamos eran a *tasas flotantes* que podrían ser incrementadas en cualquier momento. El gobierno capto cuantiosos préstamos y el Presidente anunció que habríamos de "administrar la prosperidad." Con un aumento considerable del gasto social, el plan fue ineficiente, con manejo inadecuado de recursos, lo que provocó gran inflación y caos económico. En 1981 los precios del petróleo se desplomaron, las tasas de interés se incrementaron, y en 1982 antes de terminar la administración, el Presidente suspendió los pagos de la deuda externa y nacionalizó el sistema bancario junto con otras industrias afectadas por la crisis.

La banca que, contra el mandato de Ley, había vendido todas las reservas de divisas de los cuentahabientes, al ser <nacionalizada>

transfirió su deuda a la Nación y sociedad mexicana. Los responsables de haber vaciado las reservas, así como aquellos quienes tenían la responsabilidad de supervisar y evitar tal cosa, no fueron siquiera cuestionados, y la nacionalización se manejó como un <acto patriótico> encubriendo un enorme fraude al país. En esta administración el valor del peso se redujo de $23.00 a $120.00 pesos por dólar americano (Ver cuadro 22, pag. 156).

Administración Miguel de la Madrid Hurtado, 1982-1988. Fue el primer presidente <neoliberal> en México. Muy cercano a él, al frente de la Secretaría de la Presidencia se encontraba Carlos Salinas de Gortari, doctor en Economía por la Universidad de Harvard. La administración De la Madrid puso en práctica los llamados Certificados de la Tesorería (CETES) pagando réditos hasta del 150% anual, y recurrió a frecuentes emisiones de dinero y devaluaciones. Además, incrementó en el déficit público y las deudas interna y externa. Bajo gobierno De la Madrid se padecieron índices de inflación de más del 150% anual, en 1987. De la Madrid dio inicio a la <liberalización del comercio> promoviendo el ingreso de México al GATT. Esta administración ha sido —hasta hoy, 25 años después-- la ***única que ha mantenido el peso subvaluado respecto del dólar y ha mantenido superávit comercial externo durante seis años.*** El valor del peso frente al dólar cayó de $120.00 a $2,471.50 por dólar americano.

Administración de Carlos Salinas de Gortari, 1988-1994. Durante esta administración se canceló el superávit comercial externo de los seis años anteriores y, además, al final del periodo resultó con ***el mayor déficit comercial externo de la historia*** del país, que ***superó el déficit de las seis administraciones precedentes juntas.*** Con esto produjo una avasalladora apariencia de bienestar por la enorme cantidad de bienes y servicios que ingresaron desde el exterior, además de los créditos para adquirirlos. Lo anterior propició un alto nivel de popularidad del presidente, tras el estigma de haber sido denunciada su elección y ascenso al poder como un enorme fraude electoral apoyado con la célebre <Caída del sistema> de información, de resultados electorales, mismos que en aquel entonces manejaba el propio Ejecutivo a través de la Secretaría de Gobernación. En 1992 el presidente firmó el Tratado de Libre Comercio de América del Norte con Estados Unidos, Canadá, TLCAN, el cual entró en vigor en 1994. La administración Salinas introdujo cierto control de precios pero limitó los aumentos salariales más que sus antecesores, gracias al control gubernamental priista sobre los líderes sindicales de los trabajadores. Durante la gestión de Carlos Salinas, la inflación fue reducida a un dígito, después de haber alcanzado tres dígitos en el periodo presidencial anterior. Pero el crecimiento económico promedió 2,8% anual, solamente. Durante esta administración la desigualdad del ingreso se incrementó. Con una tasa de cambio fija el peso se sobrevaloró, otra vez, y el consumo aumentó rápidamente, provocando un déficit en la cuenta corriente, del 7% del PIB en 1994. Salinas de Gortari creó los llamados TESOBONOS --bonos de deuda que se comprometían al pago en dólares. Al momento en que los inversores reivindicaron los TESOBONOS, vaciaron las reservas del Banco Central y provocaron la crisis de 1994-95. La inversión en cartera, que representaba el 90% de los flujos totales de inversión, salió del país tan rápido como había entrado. Salinas promovió la privatización a ultranza de las empresas públicas, es decir, del patrimonio nacional, a excepción de las industrias petrolera y energética protegidas por la Constitución Mexicana. El ejecutivo federal no puso a la venta las empresas públicas a través de la Bolsa de Valores sino que las vendió sin transparencia alguna a ciertos grupos y personas, presumiblemente de prestanombres. La banca fue nuevamente privatizada, pero no vendida a ex banqueros. El quebranto bancario posterior ha sido atribuido a este hecho, así como al hecho de que no hayan sido debidamente supervisados y controlados los propietarios y funcionarios bancarios. Una de las prácticas de las que se acusa a los nuevos banqueros, es la de hacerse préstamos cuantiosos entre ellos mismos; préstamos que luego resultaron incobrables y dieron lugar a la quiebra y al rescate bancario en la siguiente administración, de Ernesto Zedillo. Durante el sexenio salinista el peso se devaluó frente al dólar americano de $2,471.00 a $3,440.00. Mediante la conversión de mil antiguos pesos a un Nuevo Peso (la quita de tres ceros a las cifras monetarias) se logró disimular la enorme devaluación sufrida por el peso mexicano frente al dólar de los EU en las últimas décadas. La nueva paridad se reporta como de $3.44 pesos por dólar. La conversión del peso significó que se había devaluado a una milésima de su valor antiguo.

Administración de Ernesto Zedillo Ponce de León, 1994-2000. La situación insostenible de la economía heredada, obligó a abandonar la tasa de cambio semi-fija o controlada. En los primeros días del nuevo gobierno, México sufrió de súbito una de las mayores devaluaciones de la historia y entró en grave recesión. Sobrevino la crisis bancaria gestada por la salida masiva de la inversión en TESOBONOS, y con ella el quebranto bancario <salvado> mediante el llamado FOBAPROA, figura con la cual la sociedad mexicana asumió –nuevamente-- la deuda de los bancos, tal como se hizo en la administración de López Portillo. El país requirió un <paquete de emergencia> de la administración norteamericana para <salvar>, no sólo al sistema bancario nacional, sino también para evitar la contaminación mundial del mismo. Los drásticos efectos de la crisis en el poder adquisitivo, y en el sistema bancario, durarían por muchos años más, ya que las tasas de interés superaron el 100% durante los primeros seis meses de la crisis, donde los deudores perdieron incluso la totalidad de su patrimonio. La tasa de suicidios se incrementó notablemente. La población cayó en un profundo empobrecimiento, lo que fue una de las causas de para dar fin a setenta años de la llamada dictadura del Partido Revolucionario Institucional, PRI, sustituyéndolo por el Partido Acción Nacional, PAN, en la Presidencia de la República en el año 2000. En la administración Zedillo, la paridad cambiaria pasó de $3.43 pesos por dólar, a $9.40.

Administración de Vicente Fox Quezada, 2000-2006. Primer presidente panista, detractor del sistema en su campaña, continuó sin embargo con las mismas políticas gubernamentales priistas. Durante su administración se firmaron diversos tratados de libre comercio con países latinoamericanos y europeos, con Japón e Israel, y mantuvieron la estabilidad macroeconómica, aunque poco redujeron la desigualdad del ingreso y la brecha entre los estados ricos del norte y el sur, la clase urbana y la rural. El comercio con los Estados Unidos se triplicó desde la firma del TLC. La paridad cambiaria pasó de $9.40 a $10.86 pesos por dólar americano.

Administración de Felipe Calderón Hinojosa, 2006-2012. En 2008 el peso mexicano perdió el 50% de su valor frente al dólar estadounidense llegando a 15 pesos por dólar. Inversionistas y especuladores adquirieron grandes cantidades de dólares previamente, lo que muestra que disponían de información privilegiada. El Banco de México inyectó fuertes cantidades de dólares al mercado cambiario para contener la devaluación y en febrero de 2009 las reservas de Banxico había perdido 20 mil 62 millones de dólares. La caída en el precio del petróleo y la menor recaudación por concepto de impuestos generaron una reducción en los ingresos del

Estado mexicano. La Secretaría de Hacienda y Crédito Público (SHCP) recortó el presupuesto público en 35 mil millones de pesos. Un segundo recorte fue por 50 mil millones. Para reducir el gasto gubernamental en el marco de la crisis, el presidente anunció la desaparición de tres secretarías (ministerios) de Estado: Turismo, Reforma Agraria y Función Pública. Durante esa administración el país sufrió los peores índices de desempleo, el cual afectó a millones de personas. Lamentablemente el concepto de desempleo que se adopta oficialmente no permite tener cifras exactas al respecto, sin embargo, la comparación de la población en edad de trabajar contra la cifra de ocupados devela que casi la mitad de la población en edad de trabajar no tiene acceso al trabajo remunerado. En un país en que la mitad de la población padece pobreza, no puede argumentarse, como lo hace el gobierno, que las personas en edad de trabajar no lo desean o no lo necesitan (Ver cuadro 24, pag. 159).

Cuadro 6.
C e t e s [1]
Tasa de rendimiento nominal anual 1982-2011
Tasa nominal mensual

Periodo	Ene	Feb	Mar	Abr	May	Jun	Jul	Ago	Sept	Oct	Nov	Dic
1982	n.d.	n.d.	n.d.	n.d.	n.d.	n.d.	n.d.	n.d.	53.3	36.2	38.9	49.1
1983	53.8	56.9	61.9	59.6	60.1	59.1	59.4	n.d.	n.d.	n.d.	n.d.	n.d.
1984	n.d.	n.d.	n.d.	n.d.	n.d.	n.d.	n.d.	n.d.	n.d.	n.d.	n.d.	n.d.
1985	n.d.	48.2	55.	57.7	56.0	61.9	65.5	69.3	65.3	61.9	64.3	71.6
1986	72.1	72.4	77.	80.5	80.5	84.6	90.0	95.1	100.8	99.6	95.6	99.2
1987	96.7	96.7	95.5	92.9	91.5	91.6	91.2	90.2	89.9	90.1	103.9	122.0
1988	157.0	153.5	96.4	63.5	53.1	40.4	40.3	41.3	41.8	44.5	50.00	52.3
1989	50.7	49.1	47.7	50.0	51.8	56.6	47.0	34.7	34.3	37.9	38.9	40.5
1990	41.2	45.2	46.6	44.6	36.9	32.3	30.6	29.7	30.1	28.7	24.8	25.9
1991	23.6	23.1	22.0	21.1	19.7	17.7	18.4	16.7	17.5	17.8	16.6	16.6
1992	15.3	14.5	11.8	12.4	13.6	15.0	16.2	16.4	17.5	19.3	18.1	16.8
1993	16.7	17.7	17.4	16.1	15.0	15.5	13.8	13.6	13.7	13.1	14.3	11.7
1994	10.5	9.4	9.7	15.7	16.3	16.1	17.0	14.4	13.7	13.6	13.7	18.5
1995	37.2	41.6	69.5	74.7	59.1	47.2	40.9	35.1	33.4	40.2	53.1	48.6
1996	40.9	38.5	41.4	35.2	28.4	27.8	31.2	26.5	23.9	25.7	29.5	27.2
1997	23.5	19.8	21.6	21.3	18.4	20.1	18.8	18.9	18.0	17.9	20.1	18.8
1998	17.9	18.7	19.8	19.0	17.9	19.5	20.0	22.6	40.8	34.8	32.1	33.6
1999	32.1	28.7	23.4	20.2	19.8	21.0	19.7	20.5	19.7	17.8	16.9	16.4
2000	16.1	15.8	13.6	12.9	14.1	15.6	13.7	15.2	15.0	15.8	17.5	17.0
2001	17.8	17.3	15.8	14.9	11.9	9.4	9.3	7.5	9.3	8.3	7.4	6.2
2002	6.9	7.9	7.2	5.7	6.6	7.3	7.3	6.6	7.3	7.6	7.3	6.8
2003	8.2	9.0	9.1	7.8	5.2	5.2	4.5	4.4	4.7	5.1	4.9	6.0
2004	4.9	5.5	6.2	5.9	6.5	6.5	6.8	7.2	7.3	7.7	8.2	8.5
2005	8.6	9.1	9.4	9.6	9.7	9.6	9.6	9.6	9.2	8.9	8.7	8.2
2006	7.8	7.6	7.3	7.1	7.0	7.0	7.0	7.0	7.0	7.0	7.0	7.0
2007	7.0	7.0	7.0	7.0	7.2	7.2	7.1	7.2	7.2	7.2	7.4	7.4
2008	7.40	7.4	7.4	7.4	7.4	7.5	7.9	8.1	8.1	7.7	7.4	8.0
2009	7.5	7.1	7.0	6.0	5.2	4.9	4.5	4.4	4.4	4.5	4.5	4.5
2010	4.4	4.4	4.4	4.4	4.5	4.5	4.5	4.5	4.4	4.0	3.9	4.3
2011	4.1	4.0	4.2	4.2	4.3							

1.- Certificados de la Tesorería de la Federación a 28 días; es una tasas de interés pasiva -Instituciones de ahorro no bancarios- en México. Títulos de crédito al portador denominados en moneda nacional a cargo del Gobierno Federal. El Decreto mediante el cual la Secretaría de Hacienda y Crédito Público fue autorizada a emitir Cetes apareció publicado en el Diario Oficial de la Federación del 28 de noviembre de 1977, el cual fue abrogado por el Decreto publicado en el Diario Oficial de la Federación el 8 de julio de 1993.

ND: No disponible.

Fuente: Elaborado por el Centro de Estudios de las Finanzas Públicas de la Cámara de Diputados con datos del Banco de México.

CAPÍTULO 7

60 AÑOS DE CRECIENTE Y PERSISTENTE DÉFICIT EN EL COMERCIO EXTERIOR DE MÉXICO ¡JUNTO AL MERCADO MÁS RICO DEL MUNDO! URGEN ADMINISTRADORES COMPETENTES.

Ciertamente en el 2005 México exportó 213.700 millones USD, el equivalente a todas las exportaciones de Argentina, Venezuela, Uruguay y Paraguay juntas. Sin embargo, el 90% de las exportaciones y el 55% de las importaciones se dirigen o provienen de los Estados Unidos y el Canadá. Aunque el comercio con los Estados Unidos se incrementó 183% de 1993 al 2002 y el de Canadá 165%, otros tratados comerciales han mostrado resultados aún más significativos: el comercio con Chile creció 285% (Chile es el único país de Latinoamérica con quien México tiene una Balanza Negativa, 2:1 a favor de Chile), con Costa Rica 528%, con Honduras, 420%[29] y con la Unión Europea 105% en el mismo periodo. Pero lo la administración de Calderón Hinojosa terminó en 2012 con un déficit de 1,182 miles de millones de dólares (INEGI: Comercio Exterior de México 2012).

Cuadro 7.
Sesenta Años de Déficit Comercial Externo de México, Junto al Mercado más Rico del Mundo.
Cifras en miles de millones de dólares.

Administración		Exp.	Imp.	Saldo	Acum.
Ávila Camacho	41-46	2.4	1.8	0.6	0.6
Alemán Valdez	47-52	3.8	4.0	(0.2)	0.4
Ruiz Cortines	53-58	4.1	5.8	(1.7)	(1.3)
López Mateos	59-64	5.1	7.2	(2.1)	(3.4)
Díaz Ordaz	65-70	7.1	11.3	(4.2)	(7.6)
Echeverría A.	71-76	14.6	29.9	(15.3)	(22.9)
López Portillo	77-82	76.1	83.5	(7.4)	(30.3)
De la Madrid H.	83-88	125.5	75.8	49.7	19.4
Salinas de G.	89-94	251.6	313.5	(61.9)	(42.5)
Zedillo P. de L.	95-00	705.9	713.5	(7.5)	(50.0)
Fox Quezada	01-06	1,136.7	1,182.3	(45.5)	(95.5)
Calderón Hinojosa	07-10	1,091.3	1,126.4	(35.0)	(130.5)

Fuente: Elaboración propia a partir de datos de INEGI y Centro de Estudios de las Finanzas Públicas. Estadísticas Históricas Indicadores Macroeconómicos 2012.

Observemos en el cuadro anterior el déficit que presenta cada administración. Las estadísticas oficiales suelen agruparse en décadas, cosa que elude la observación del desempeño de los gobernantes durante los seis años del periodo presidencial constitucional. Agrupar por sexenios permite evaluar la actuación de cada administración.

Miguel De la Madrid Hurtado es el único presidente que ha mantenido el dólar equilibrado y, en consecuencia, mantenido un importante superávit comercial externo durante su administración.

Cuadro 8.
Sesenta Años de Déficit Comercial Externo de México. Gráfico.
Cifras en miles de millones de dólares.

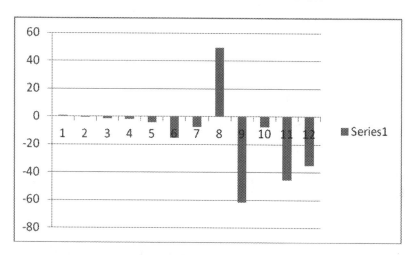

Cada barra representa un periodo de gobierno:
1) Ávila Camacho, 2) Alemán Valdez, 3) Ruiz Cortines, 4) López Mateos, 5) Díaz Ordaz, 6) Echeverría Álvarez, 7) López Portillo, 8) De la Madrid Hurtado, 9) Salinas de Gortari, 10) Zedillo Ponce de León, 11) Fox Quezada, 12) Calderón Hinojosa.

¿Cómo se financia el creciente y persistente déficit?

Las importaciones de las empresas mexicanas son financiadas, en primer lugar, por las exportaciones **petroleras;** en segundo lugar por las **remesas** de los mexicanos que viven y trabajan en los EUA y en tercer lugar por los ingresos **turísticos** del país, y, finalmente, **crédito externo.** Si compramos más de lo que vendemos sólo el crédito internacional puede compensar el déficit. En otras palabras: el petróleo, los trabajadores migrantes, el turismo y el endeudamiento de México, hacen posible los negocios de las empresas privadas.

En tiempos recientes la situación deficitaria externa continúa con las mismas tendencias:

Cuadro 9.
Déficit Reciente del Comercio Exterior de México
2000-2010

	Exportaciones	Importaciones	Balanza comercial
2000	166,121	174,458	-8,337
2005	214,233	221,820	-7,587
2006	249,925	256,058	-6,133
2007	271,875	281,949	-10,074
2008	291,343	308,603	-17,261
2009	229,783	234,385	-4,602
2010	298,361	301,482	-3,121

Elaboración propia. Fuente: Principales Indicadores Económicos. Centro de Estudios de Finanzas Públicas de la Cámara de Diputados. México, 2011.

Las inversiones de mexicanos en el exterior se realizan, necesariamente, en divisas internacionales. Ejemplo:

En 2010 se transfirieron al exterior 31 mil 113 millones de dólares, reporta el Banco de México. Aumentaron 79% las inversiones y depósitos de mexicanos fuera del país. Los recursos remitidos duplicaron el ingreso de divisas por inversión extranjera directa. En lo que va del sexenio de Calderón han salido capitales equivalentes a 51% de las reservas (González Amador, 2011).

¿De dónde obtienen los mexicanos esos miles de millones de dólares si no exportan y las empresas tampoco lo hacen?
¿Deberían las empresas generar divisas suficientes para los gastos e inversiones de las personas en el extranjero?
¿Si no son las empresas responsables de exportar y obtener divisas para la nación, entonces quién?

El Estado mexicano realiza gastos en el extranjero por sus representaciones diplomáticas y por la adquisición de equipo y material diverso, y sobre todo acumula reservas internacionales en dólares. Si bien en México la exportación petrolera la realiza el propio Estado ¿Es responsabilidad del Estado, en el régimen de propiedad privada de las empresas, obtener las divisas internacionales que el País necesita? ¿Qué sucedería si se privatizara la mayor fuente de divisas del país? ¿El sector privado, que no logra pagar sus propias importaciones, proporcionaría dólares para el Estado?

Si las empresas no exportan ¿quién más puede hacerlo? ¿Por qué en otros países la generalidad de las empresas sí exporta? ¿Es posible obligarlas? ¿Cómo hacerlo? ¿Cuánto deberían exportar? ¿Sólo en la medida que importan; quién y cómo debería cubrir el resto? ¿Es posible **sostener sanamente** una economía donde las empresas no exportan? ¿Puede crecer y desarrollarse esa economía, contribuye a lograr la independencia nacional y bienestar para la población?

Las fuentes de ingreso de divisas internacionales de un país son: la exportación de mercancías y servicios, el turismo, las remesas de ciudadanos radicados en el exterior y donativos internacionales. Sólo el dinero obtenido por dichos conceptos representa un ingreso real y definitivo, *propio* en el más estricto sentido. Pero las cantidades obtenidas por turismo, remesas y donativos no alcanzan, ni con mucho, para financiar las compras cuantiosas y constantes de las empresas y las obligaciones externas de un país. Otros ingresos son créditos e inversión extranjera, pero representan dinero ajeno por el cual hay que pagar intereses y dividendos, además de liquidarlos en determinados momentos.

Debe entenderse que, para que una economía funcione *sanamente*, las divisas generadas por las exportaciones de las empresas en su conjunto, deben ser suficientes para:

a) Importaciones, pagos e inversiones en el exterior de las empresas y las personas.

b) Importaciones, gastos y pagos gubernamentales en el exterior.

c) Intereses generados por la deuda externa pública y privada.

d) Dividendos a los inversionistas extranjeros, en sus respectivos países y en dólares.

e) Pago de la deuda externa y liquidación de inversiones a su vencimiento o retiro.

f) Formación de reservas internacionales del país.

CAPÍTULO 8

EN MÉXICO SÓLO EL 1.4% DE LAS EMPRESAS EXPORTA PERO TODAS USAN BIENES IMPORTADOS: ¡ES MÁS BARATO LO IMPORTADO! ¿PORQUÉ, SI LOS TRABAJADORES EN MÉXICO GANAN 5 DÓLARES POR DÍA Y EN EUA GANAN 10 DÓLARES POR HORA?

En México sólo el 1.4% de las empresas exporta, pero todas, sin excepción, utilizan maquinaria, equipo, refacciones, y materiales importados. Además, empresarios y políticos mexicanos invierten miles de millones de dólares en el extranjero ¿de dónde obtienen esas divisas?

Conforme al discurso oficial <México es una economía orientada a las exportaciones, es uno de los países más abiertos al comercio, una potencia comercial según el valor de las mercancías, y el país con el mayor número de tratados de libre comercio. En el 2005, México fue el decimoquinto exportador y el duodécimo importador más grande

del mundo, con un incremento del 12% anual. De hecho, de 1991 a 2005 el comercio mexicano se quintuplicó>.

Cuadro 10.
Empresas Exportadoras vs. No exportadoras en México.
Evolución 2011-2013

Empresas	2011	%	2013	%
Total	731,622	100%	711,207	100%
Exportan	**15,603**	**2.13%**	**10,411**	**1.46%**
No exportan	715,019	97.87%	700,796	98.53%

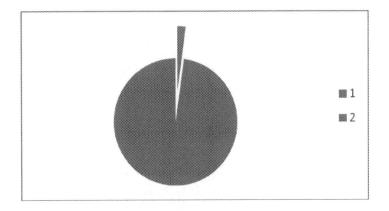

1) Empresas que exportan, 2) Empresas que no exportan
Elaboración propia. Fuente: Sistema de Información Empresarial Mexicano SIEM, de la Secretaría de Economía, 2011 y 2013.

La SIEM advierte: <La información contenida pertenece sólo a las empresas registradas en el SIEM y no a la totalidad de las existentes en el país>. Lo anterior indica que el total de empresas en el país es mayor al presentado por el SIEM. Con esto se reduce aún más la proporción de empresas exportadoras, ya que es presumible que las no registradas sean no exportadoras. Por su importancia las empresas exportadoras, con mayor probabilidad, están registradas en su totalidad.

Vale la pena preguntar ¿Por qué, entonces según el Sistema Empresarial Mexicano (SIEM: 2011), sólo el 1.4% de las empresas establecidas en México exporta? Y ¿Por qué tal cifra tiende dramáticamente a la baja? En el cuadro 10, nótese que en sólo dos años las empresas exportadoras pasaron de ser 15,603 a 10,411; **una baja dramática del 33.27%**. ¿Es que las empresas no tienen incentivos para exportar? ¿Es acaso más lucrativo importar y comerciar, dado que los productos extranjeros son mucho más baratos que los nacionales? ¿Es necesario que administradores y otros profesionales estudien seria y profundamente este fenómeno?

El centro del problema es que, según datos oficiales, el 98.6 % de las empresas establecidas en México no exporta (SIEM). Sin embargo todas las empresas, sin excepción, emplean maquinaria, refacciones, productos y servicios extranjeros, aun si no compran en el exterior directamente. De entre las empresas que exportan sólo una pequeña proporción lo hace con superávit; es decir, vende en el exterior más de lo que compra. Así, observamos una debilidad estructural extrema del aparato productivo mexicano y del modelo que le da origen, además de provocar deuda, dependencia externa, devaluaciones, inflación, crisis, empobrecimiento.

Debemos insistir que, en México todas las empresas utilizan —indispensable y constantemente— maquinaria y materiales importados; algunas contratan financiamiento, derechos de patente y derechos de marca. Además, numerosos comercios hacen negocio vendiendo artículos importados; los bancos emplean financiamiento externo el cual genera réditos en dólares; pero... ¿De dónde obtienen las empresas los dólares necesarios, si no exportan? ¿Es posible esperar que el 1.4% de las empresas cubra las necesidades de dólares para todo el País?

Cuadro 11.
Empresas Exportadoras vs. No Exportadoras en México. Desglose por Estados

Estado	Empresas Exportan	
	Si	No
Aguascalientes	160	5,557
Baja California	903	10,703
B. California S.	71	10,617
Campeche	16	7,510
Coahuila	2,766	9,173
Colima	26	1,237
Chiapas	69	4,036
Chihuahua	554	29,167
Distrito Federal	1,223	91,798
Durango	72	1,065
Guanajuato	699	43,962
Guerrero	61	1,915
Hidalgo	3,121	19,406
Jalisco	1,348	105,115
Edo. de México	1,040	75,902
Michoacán	322	32,688
Morelos	56	2,632
Nayarit	29	12,656
Nuevo León	524	15,848
Oaxaca	98	3,833
Puebla	165	17,468
Querétaro	325	51,813
Quintana Roo	198	22,074
San Luis Potosí	151	12,716
Sinaloa	114	8,923
Sonora	192	5,035
Tabasco	51	8,691
Tamaulipas	561	18,409
Tlaxcala	86	9,586
Veracruz	319	33,497
Yucatán	218	33,045
Zacatecas	65	9,942
Parcial	15,603	716,019
TOTAL	**731,622**	

Sistema Empresarial Mexicano SIEM.

http://www.siem.gob.mx/siem2008/portal/estadisticas/Est_ExpImp_xEdo.asp

CAPÍTULO 9

CONSECUENCIAS DEL CRECIENTE Y PERSISTENTE DÉFICIT COMERCIAL EXTERNO: DEUDA, DEPENDENCIA, DEVALUACIONES, LENTO CRECIMIENTO ECONÓMICO, DESEMPLEO, INFLACIÓN, CRISIS RECURRENTES, POBREZA. RESULTADO: UN MERCADO PERMANENTEMENTE DEPRIMIDO.

Para comprender la magnitud del problema del déficit comercial externo persistente, es necesario revisar sus consecuencias. A continuación se mencionan las más visibles e importantes, mismas que no pretendemos explicar de manera exhaustiva, sino en su relación con el problema.

No exportar ocasiona deuda externa.

Hemos observado en el cuadro 7 que durante décadas las empresas establecidas en México han comprado en el exterior más de lo que venden: *"El déficit de la balanza comercial mexicana* (1994), *superior al de toda AL"* (Muñoz Ríos, P., 1995). ¿De dónde obtienen las empresas los dólares necesarios para sus importaciones y pagos en el exterior si no exportan? ¿De dónde obtienen los ciudadanos mexicanos los miles de millones de dólares que depositan en el extranjero si tampoco exportan?

En México la administración pública, desde décadas atrás, ha asumido el papel de proveedor de dólares para las empresas: promueve la inversión extranjera, exporta petróleo, contrata créditos, e, incluso, cuando vende las empresas públicas lo hace preferentemente a extranjeros y en dólares.

Cuadro 12.
Deuda Pública Externa vs. Balanza Comercial
Cifras en miles de millones de dólares.

Administración		Balanza Comercial	Deuda Externa
Alemán Valdez	47-52	(0.2)	0.3
Ruiz Cortínez	53-58	(1.7)	0.6
López Mateos	59-64	(2.1)	1.7
Díaz Ordaz	65-70	(4.2)	3.2
Echeverría A.	71-76	(15.3)	19.3
López Portillo	77-82	(7.4)	65.4
De la Madrid H	83-88	49.7	100.5
Salinas de G.	89-94	(61.9)	154.0
Zedillo P. de L.	95-00	(7.5)	149.3
Fox Quezada	01-06	(45.5)	169,1
Calderón*	07-10	(35.0)	168.0

Fuente: SHCP, Informes Sobre Deuda Externa, varios años.
* Cifras incluyen hasta diciembre 2010.

A través de la banca las divisas son puestas a la venta con la finalidad de que las empresas dispongan de ellas para sus operaciones.

Lo anterior sucede también en otros países con persistente déficit comercial externo. Pero que el hecho sea generalizado no justifica que tal cosa sea correcta: endeudar a la Nación para que los particulares hagan negocio. Sin embargo, de no proveer la administración pública las divisas necesarias las empresas se paralizarían:

> En México las empresas son incapaces de obtener por sí mismas las divisas para pagar los bienes importados que usan.

Cuadro 13.
Deuda Pública Externa vs. Balanza Comercial de México. Gráfico.
Cifras en miles de millones de dólares.

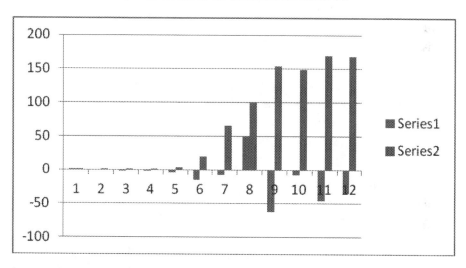

La serie 1 representa el déficit; la serie 2 refiere la deuda.
Cada 2 barras representan un periodo de gobierno:
1) Ávila Camacho, 2) Alemán Valdez, 3) Ruiz Cortines, 4) López Mateos, 5) Díaz Ordaz, 6) Echeverría Álvarez, 7) López Portillo, 8) De la Madrid Hurtado, 9) Salinas de Gortari, 10) Zedillo Ponce de León, 11) Fox Quezada, 12) Calderón Hinojosa. Para Calderón Hinojosa se han considerado los 4 años de gobierno.

Los gobiernos asumieron el papel de proveedores de divisas, durante la época del "desarrollo estabilizador", o del "Estado Benefactor", y no han dejado de hacerlo ni se lo plantean a futuro, pese al "neoliberalismo" en boga, el cual proclama la no intervención del Estado en la economía. En realidad el Estado siempre interviene y lo hace en favor de las empresas, si bien recientemente se inclina en favor del capital internacional, por ser el que aporta los dólares requeridos ante la falta de exportación. El sostenimiento del capitalismo sin la intervención del Estado no es posible.

El déficit de año con año representa obligaciones económicas acumulables, como sucede con sobregiros de cualquier cuenta, por lo cual es indispensable considerarlo de dicha manera y no como un concepto contable del que podemos olvidarnos al obtener superávit en alguna ocasión: El problema no estará resuelto hasta compensar el total del sobregiro, los intereses y todas otras obligaciones derivadas de él a lo largo del tiempo.

Este es el principal motivo por el cual la deuda externa ha crecido dramáticamente: las exportaciones no alcanzan a cubrir ni las importaciones, menos aún el pago de otras obligaciones: los intereses y vencimientos de la deuda se pagan con nuevos préstamos.

Por lo expuesto, el incremento de la deuda no es la suma simple del déficit comercial, puesto que le afecta pago de réditos. Además, la entrada de inversión extranjera se usa para compensar contablemente la deuda, como veremos más delante.

El déficit persistente en la balanza comercial externa, contribuye, sin lugar a dudas, a incrementar la deuda con el exterior.

Cuadro 14.
Intereses de la deuda externa por Sexenio.
Cifras en miles de millones de dólares.

Administración		Réditos Sexenio	Increm. Réditos	Réditos Acum.	Deuda Ext
Ávila Camacho	41-46	n.d.	n.d.	n.d.	0.2
Alemán Valdez	47-52	n.d.	n.d.	n.d.	0.3
Ruiz Cortines	53-58	0.5	n.d.	0.5	0.6
López Mateos	59-64	1.7	340 %	2.2	1.7
Díaz Ordaz	65-70	4.0	230 %	6.2	3.2
Echeverría A.	71-76	7.8	190 %	14.0	19.3
López Portillo	77-82	38.0	490 %	52.1	65.4
De la Madrid H	83-88	33.3	(10) %	85.5	100.5
Salinas de G.	89-94	92.3	280 %	177.8	154.0

Fuente: Elaboración propia a partir de: Cárdenas, Enrique,
La política económica de México, 1950-1994, p. p. 214-215.
El monto de los intereses fue convertido a dólares según paridad vigente en el año correspondiente.

Por no exportar los intereses se convierten en más deuda.

La deuda externa ha generado cuantiosos intereses en dólares y, puesto que las exportaciones no alcanzan a cubrir ni siquiera las importaciones, la manera de pagar ha sido pedir más préstamos. A esto los economistas llaman "Esquema Ponzi": pagar deuda con más deuda.

Cada seis años se paga una cifra similar a la deuda y, sin embargo, esta continúa aumentando: los intereses pagados superan la deuda misma.

El pago de réditos, con frecuencia y en especial frente a crisis de liquidez, se hace "re-documentando" la deuda, con préstamos "puente". Al déficit comercial se suman los intereses de la deuda:

> *La deuda externa total asciende a casi 168 mil mdd, reporta Hacienda. El incremento ha sido de 67.7% durante este gobierno, informa* (Zúñiga, Juan Antonio, 2011).

En la actualidad, para sólo frenar el crecimiento de la deuda externa es necesario lograr un *superávit comercial externo sostenido*, al menos igual que la suma de intereses y dividendos. Durante la actual administración la deuda, la inversión externa, el pago de intereses y dividendos, la dependencia externa y las tendencias devaluatorias continúan creciendo.

Cuadro 15
Deuda Interna y Externa del Sector Público
Como Porcentaje del PIB 2001-2010.

Deuda	2001	2002	2003	2004	2005	2006	2007	2008	2009	2010
Externa	10.8	11.4	11.2	9.8	8.0	5.5	5.0	6.3	9.9	10.0
Interna	11.8	13.3	13.7	13.0	13.8	16.2	16.4	20.4	22.8	22.5
Total	22.60	24.70	24.9	22.8	21.8	21.7	21.4	26.7	32.7	32.5

Tomado de CEFP con datos del INEGI, SHCP, Banco de México y Federal Reserve Bank of St. Louis, EU.

Por no exportar la deuda hace crisis una y otra vez.

Desde el inicio de los años setenta los mexicanos vivimos de crisis en crisis:

> "La contracción económica fue severa, pues el PIB registró en 1971 el crecimiento más bajo desde 1959, 4.2% y sólo un 0.8% en términos *per cápita*. Fue el rompimiento de la larga tendencia de crecimiento observado en los últimos diez años." (Cárdenas, E. 1996, p. 94).

Durante 22 años, de 1954 a 1976, el precio de dólar fue sostenido sin cambio, pese al reiterado déficit externo. Esto significa que fue sostenido por medio de crédito externo. En otras palabras, la devaluación se gestó en el periodo del llamado "milagro mexicano", durante el cual no se corrigió el desequilibrio exterior, por tanto, era inevitable que tarde o temprano se presentara dicha devaluación; contenerla provocó que fuera más abrupta: El dólar pasó de 12.50 a 22.70 de los antiguos pesos, una pérdida del 80%, de golpe, para el peso mexicano, con la consecuente inflación, cierre de empresas, desempleo y empobrecimiento de la población.

Ciertamente, entre 1977 y 1981 la economía mexicana gozó del auge petrolero que hizo ingresar al país más de 30 mil millones de dólares. Sin embargo, al año siguiente, 1982, el colapso de la economía hizo decrecer el producto en 0.5%. Véase:

> "El déficit del sector público pasó de 2.5% del PIB en 1971 a 14.1% en 1981 y al 16% en 1982. La inflación pasó del 17.9% al 92% y el monto de la deuda se incrementó de 8 630 millones de dólares en 1970 a 74 350 millones de dólares al final de 1981. Para agosto de 1982 alcanzó 92 410 millones de dólares. La economía había quedado en una situación sumamente grave, con un lastre enorme para las generaciones futuras y con perspectivas sumamente tristes de crecimiento para el futuro inmediato." (Cárdenas, E. 1996, p.p. 106-117).

En 1983 el nuevo gobierno de Miguel de la Madrid, con la asesoría de Carlos Salinas, puso en marcha un programa de ajuste económico extremadamente severo y doloroso para la población, renegoció los plazos y términos de la deuda externa, cumplió con las exigencias de los acreedores y logró cierta estabilización. Pero...

"Para fines de 1987, la situación económica del país había llegado a niveles muy delicados y a la vez frustrantes... la deuda nacional había llegado a representar 94.8 del producto, alrededor de 25 puntos porcentuales más del producto que en 1982, lo cual implicaba que debíamos casi el equivalente a la producción de un año, a pesar de haber enviado al exterior más de 53 000 millones de dólares en los cinco años anteriores. El sacrificio de la sociedad y del gobierno había sido enorme, y sin embargo, no se había avanzado en la solución de la crisis. El panorama era desalentador" (Cárdenas, E., 1996, p. p. 118-152).

Nuevamente se suministró una amarga y dolorosa medicina a la Nación: devaluación, quiebra de empresas, desempleo, reducción del salario real, etc. Y, sin embargo, otra vez en 1994 la crisis estalló esencialmente por la misma causa: financiar con deuda e inversión externa el enorme déficit comercial exterior y de cuenta corriente.

"...una fuerte sobrevaluación, y el intento del nuevo gobierno por conservarla... siguieron estimulando las importaciones a lo largo de todo el año de 1994, incluido diciembre. A pesar del aumento de las exportaciones en 17.3% el déficit comercial creció 37% para llegar a 18 464 millones de dólares, mientras que el déficit en cuenta corriente también repuntó, 23%, para situarse en la cifra record de 29 420 millones de dólares al terminar el año." (Cárdenas, E., 1996, p.p. 153-190).

Como se puede observar en el cuadro 2, el déficit comercial acumulado de la administración de Salinas de Gortari fue de 62 mil millones de dólares, lo cual duplicó el déficit comercial de las seis administraciones que van de Alemán a López Portillo, y canceló el superávit alcanzado con enormes sacrificios durante la administración de De la Madrid, como ya lo hemos dicho líneas arriba.

En las administraciones subsecuentes que van de Zedillo a Calderón en 2010, pasando por Fox, se observan las mismas tendencias año con año, de décadas atrás: Sobrevaluación del peso, creciente déficit comercial y financiamiento del mismo, mediante deuda e inversión extranjera.

Por no exportar adquirimos otra deuda: la inversión extranjera.

Ante la crisis de la deuda externa, la administración pública ha sido permanentemente presionada para abrir el país a la inversión extranjera e, incluso, convertirse en promotora de la misma mediante el ofrecimiento de altas tasas de rendimiento y seguridad a los inversionistas, para financiar el persistente déficit comercial y pagar los intereses y dividendos a los inversionistas. Se habla con insistencia de la necesidad y las bondades de la inversión extranjera como fuente para la creación de empleos, producción, impuestos, etc. o bien como mal necesario para financiar el desarrollo, pero el análisis histórico revela que la inversión extranjera es deuda externa, en gran medida, disfrazada y más peligrosa, como a continuación se explica.

La inversión extranjera puede ser de cuatro tipos: a). Inversión en la creación de empresas; b). Inversión en compra de empresas; c). Inversión en acciones; d). Inversión en valores gubernamentales. A continuación las comentamos.

a) Al crear empresas la inversión externa efectivamente fortalece la economía por la apertura de plazas de trabajo y la producción de bienes y servicios adicionales. Si tales empresas exportan, cuando menos lo suficiente para cubrir el pago de importaciones y dividendos al exterior que generan, la presencia de las mismas resulta positiva en algún grado. Si no exportan o presentan déficit exportador, vienen a crear la necesidad de más deuda y más inversiones externas.

b) La compra de empresas existentes no hace más que transferirlas de manos mexicanas a manos extranjeras, sin generar nuevos empleos o producción. Por el contrario, suelen realizarse fuertes reducciones de personal. Algunas empresas lleguen a hacerse exportadoras, pero indefectiblemente siguen siendo importadoras.

c) La compra de acciones favorece el financiamiento de proyectos empresariales, pero queda expuesta a que en cualquier momento los inversionistas se retiren masivamente del país; ello puede obedecer a eventos macroeconómicos nacionales o internacionales fuera de control; véase: "¿Es de carácter permanente el ingresos de recursos del exterior?"(Navarrete, R. 1997).

d). La "inversión" en bonos gubernamentales es simple y llanamente deuda; además es externa cuando se encuentra en manos de extranjeros o está nominada en dólares, como sucede con un alto porcentaje de la misma.

Los dos primeros tipos de inversión referidos (creación o compra de empresas) son, comparativamente, los de mayor permanencia en el país. La compra de acciones y, sobre todo, la inversión externa en bonos gubernamentales, son los de más riesgo, los más "volátiles", por estar sujetos a especulación, a la búsqueda de ganancias cuantiosas e inmediatas, y a la retirada masiva del país al menor indicio de inestabilidad política, social o económica; ver: *"Depender exclusivamente del ahorro externo, el verdadero error: Ortiz."* (González, V. y Flores, G., 1997).

Zorrilla (1994. p. 23) define:

> *"**Bono**. Título fiduciario que representa una deuda y que es emitido generalmente por la tesorería pública de un país. Los bonos representan una forma de financiamiento para la institución que los emite; para el público que compra los bonos, representa un préstamo que será pagado en un periodo determinado, además de un interés que se fija previamente"*

Krugman y Obstfeld (1995, p. 422), señalan:

> "Cuando usted compra un bono del Estado estadounidense, obtiene el tipo de interés en dólares porque usted se ha convertido en un prestamista, en dicha unidad monetaria, del gobierno de los Estados Unidos"

Más adelante (p. 774) distingue entre *bonos* y *títulos de renta variable*:

> "Los <u>bonos</u> y los depósitos bancarios son instrumentos de deuda, porque especifican que el emisor del título debe devolver un valor fijo (la suma del principal más los intereses)

sin tener en cuenta para nada las circunstancias económicas del deudor. Por el contrario, una participación de capital es un instrumento de renta variable: es una participación sobre los beneficios de una empresa, más que un pago fijo, y su rendimiento variará de acuerdo a las circunstancias del deudor." Subrayados nuestros.

Heat (1994, pp. 8-9) señala en "The devaluation of the mexican peso in 1994":

"En concreto, la emisión de tesobonos por parte de las autoridades para contrarrestar parcialmente la caída de reservas escondió la verdadera presión sobre el mercado cambiario, que reflejaba fuga de capitales y deuda disfrazada; fue una manera de darle vuelta al techo de endeudamiento externo establecido cada año por el Congreso de la Unión" (Citado por Cárdenas, 1996, p. 187). Subrayados nuestros.

Cuadro 16.
Reservas Internacionales de México. Evolución 2000-2011.
Valor de mercado. Millones de Dólares.

Ene-00	33,688.51
Ene-01	39,492.71
Ene-02	47,287.10
Ene-03	51,582.53
Ene-04	63,019.35
Ene-05	65,076.88
Ene-06	76,802.15
Ene-07	76,842.31
Ene-08	90,782.27
Ene-09	90,403.56
Ene-10	98,671.38
Ene-11	123,525.37
May11	131,174.07

Elaboración propia. Tomada de: Banco de México
Reporte sobre las Reservas Internacionales y la Liquidez en Moneda Extranjera. Activos de reserva oficiales. Fecha de consulta: 05/07/2011 11:11:47
http://www.banxico.org.mx/PortalesEspecializados/tiposCambio/estadisticas/repReservInt.html

En 1994 la inversión extranjera *"en cartera"* ascendía a 51,562 mmd y fue uno de los detonadores de la crisis de 1994-95, por el vencimiento en el corto plazo de 30 mil mmd de "tesobonos". En julio de 1997 la inversión en cartera ascendía nuevamente a 46, 213 mmd (Sandoval, A., 1997:b). En Julio 2011 encontramos las siguientes noticias, citadas por el Centro de Estudios Económicos de la UNAM:

Histórica entrada de inversión de cartera

* México recibió 15 mil 236 mdd en el primer trimestre.
* Captó 3.2 veces más que el monto ingresado por IED.
* Elevado diferencial de tasas con EU, atractivo: Banxico.
* Histórica inversión de cartera; crece 56%

Los cuantiosos montos de inversión financiera del exterior han favorecido la apreciación del peso; en lo que va del año el precio de la divisa estadounidense acumula una baja de 5.5 por ciento, y desde su mayor nivel el 9 de marzo de 2009, a la fecha, el descenso es de 24.6 por ciento.

> La inversión de cartera superó en 3.2 veces el monto de recursos captados en inversión directa, mismos que sumaron cuatro mil 788 millones de dólares, y presentaron una caída anual de 8 por ciento. (Jardón, Eduardo, Jueves, 26 de mayo de 2011).

Por la inversión extranjera deben pagarse dividendos muy superiores a los réditos, por ser "capital de riesgo". Si bien la deuda tiempo atrás podía contratarse con organismos internacionales e incluso gobiernos, como "entidades no lucrativas", a plazos de hasta 30 años, la inversión siempre proviene de particulares con el expreso requisito de obtener ganancias "de mercado"; esto es, las más altas posibles. Los inversionistas conservan el derecho de retirar la inversión en cualquier momento: no siempre se cuenta con fecha de vencimiento establecida, ni se fija permanencia a largo plazo; parte importante se coloca a 28 e incluso a ¡14 días!

Además, en los hechos, existe mucho más intervencionismo extranjero por la inversión que por la deuda externa. Y el país, en la práctica y contrario a la teoría de la libre flotación, se ve obligado a conservar reservas elevadas para enfrentar la fuga masiva de capitales que en cualquier momento amenaza. Por supuesto, acumular esas reservas tiene un costo, pero generan apariencia de fortaleza financiera ante el público y los inversionistas.

Véase:

"Agresiva acumulación de reservas en 1977; superó 4 veces la meta prevista." (Pérez, M., 1998).

Continúan al alza reservas internacionales de México. Las reservas internacionales del país en la semana del 6 al 10 de junio aumentaron mil 084 millones de dólares, para llegar a un saldo de *129 mil 593 millones de dólares*, informó el Banco de México (14 de Junio, 2011).

Cuadro 17.
Reservas Internacionales de México.
Evolución 2000-2012. Gráfico.
Valor de mercado. Millones de Dólares.

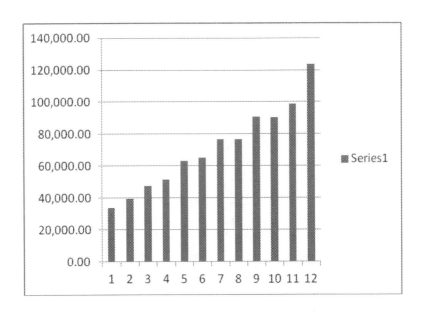

Por no exportar los dividendos se convierten en más deuda.

Como ya se ha dicho, la inversión extranjera demanda altas tasas de rendimiento y no siempre genera exportaciones que compensen el pago de los dividendos y las importaciones que realizan sus empresas. En consecuencia, la inversión y la deuda externa sólo pueden aliviar temporalmente el déficit comercial: al no ser suficientes las exportaciones para pagar importaciones, intereses y dividendos, se recurre a más deuda y más inversión extranjera; esto se traduce inevitablemente en una enorme falla estructural que se reproduce a sí misma.

Paul Sweezy[6] lo explicó mediante un modelo de incuestionable consistencia:

<Suponiendo que la administración en turno tenga "éxito" sostenido en la promoción del ingreso de capitales, y que cada año logre inversiones de, por ejemplo, 100 millones de dólares, con un rendimiento supuesto de 25%; al concluir cada año los inversionistas demandarán que sus dividendos sean pagados en dólares y en el país donde residen, ahí decidirán qué uso darles, lo cual no descarta el envío a otro país.>

Cuadro 18.
Modelo de Paul Swezee que explica relación de ingresos-egresos derivados de la deuda y la inversión externa.

Año:	1	2	3	4	5	n
Ingresos	Salidas	Salidas	Salidas	Salidas	Salidas	
100	25	25	25	25	25	...
100		25	25	25	25	...
100			25	25	25	...
100				25	25	...
100					25	...
Balance:						
Entradas	100	100	100	100	100	...
Salidas	25	50	75	100	125	...
Saldos	**75**	**50**	**25**	**000**	**(25)**	...

---

6   Paul Sweezy, conferencia, UAM-A, 1978.

<El renglón de saldos muestra como éstos van decreciendo aún con ingresos constantes, y cómo las salidas tienden a superar a los ingresos, lo cual hace necesario incrementarlos: la estrategia de compensar con deuda o inversión extranjera el déficit comercial, crea una dependencia estructural creciente no sostenible que tarde o temprano hace crisis.>

Cuadro 19.
Modelo Sweezy Aplicado al Pago de
Intereses de México 1965-1994.

Deuda	1965-70	1971-76	1977-82	1983-88	1989-94	%
Acumulada	Réditos	Réditos	Réditos	Réditos	Réditos	
3 200	4000					130
19 300		7 800				40
65 400			38 000			60
100 500				33 300		
154 000					92 300	
Balance:						
Entradas	1500	16 100	46 100	35 100	53 500	
Salidas	4 000	7 800	38 000	33 300	92 300	
Saldos	*(3 500)*	*8 300*	*8 100*	*1800*	*(38800)*	

Desde luego, si se tratara de inversiones que generan exportaciones suficientes para cubrir los pagos en el exterior que ellas mismas efectúan, no habría problema, pero la deuda y la "inversión" en valores gubernamentales no generan exportación alguna sólo originan salidas de divisas: entonces, si acaso deberían usarse para resolver momentáneos faltantes de liquidez, pero servirse de ellas permanentemente, como se ha venido haciendo, es un verdadero suicidio financiero.

Con el modelo de Sweezy pueden ser elaborados los cuadros reales de la deuda y la inversión externa, con las correspondientes salidas de dividendos e intereses.

Pese a lo costoso de la deuda y de la inversión extranjera los países subdesarrollados compiten para atraer capitales internacionales, mediante diversos medios de atracción, especialmente bonos con pago de altas tasas de interés. Esos países padecen el mismo mal: déficit comercial externo persistente; véase: *"Feroz competencia por los flujos de capital"*, (Howard, G., 1997).

Cuadro 20.
Tasas de Interés Durante la Administración de Miguel de la Madrid en CETES

Año	Ene	Feb	Mar	Abr	May	Jun	Jul	Ago	Sept	Oct	Nov	Dic	PROM
1982	n.d.	n.d.	n.d.	n.d.	n.d.	n.d.	n.d.	n.d.	53.32	36.23	38.98	49.10	**44.41**
1983	53.86	56.92	61.95	59.69	60.19	59.18	59.40	n.d.	n.d.	n.d.	n.d.	n.d.	**58.74**
1984	n.d.	n.d.	n.d.	n.d.	n.d.	n.d.	n.d.	n.d.	n.d.	n.d.	n.d.	n.d.	**n.d.**
1985	n.d.	48.26	55.29	57.77	56.08	61.98	65.54	69.31	65.35	61.95	64.31	71.65	**61.59**
1986	72.15	72.49	77.50	80.50	80.50	84.63	90.08	95.17	100.89	99.66	95.61	99.28	**87.37**
1987	96.74	96.71	95.55	92.97	91.50	91.64	91.26	90.22	89.93	90.10	103.91	122.04	**96.05**
1988	157.07	153.52	96.48	63.50	53.12	40.41	40.32	41.34	41.84	44.51	50.00	52.30	**69.53**

Fuente: Elaborado por el Centro de Estudios de las Finanzas Públicas de la Cámara de Diputados con datos del Banco de México. El cuadro completo aparece en el Anexo 1, con datos hasta 2011.

En México, la política de emisión de valores gubernamentales con altas tasas de rendimiento dio inicio con la administración neoliberal de Miguel de la Madrid, con los "Certificados de la Tesorería, CETES", "para no recurrir al fácil expediente de emitir dinero —Decía el propio De la Madrid-- y provocar inflación". Los CETES llegaron a pagar 150% de rendimiento anual mismo que, finalmente, se pagó con emisión de dinero y consecuencias de elevada inflación: 490% durante el sexenio. En aquel periodo las empresas tuvieron elevadas "utilidades financieras", esto es, ganaron más por "invertir" en el gobierno que por realizar operaciones industriales y comerciales. Las exigencias de los acreedores fueron muchas y las posibilidades de negociación escasas. Se insistió en amplios sectores sobre la necesidad de declarar la moratoria a la deuda externa. El hecho es que las presiones de los acreedores pudieron más que las demandas de los mexicanos. Eso es, precisamente, sometimiento, dependencia.

Debe resaltarse que si bien los economistas definen la inflación como el <aumento generalizado de precios> dejan de lado el precio más caro a las personas: el salario, el cual siempre permanece muy lejos de las alzas generalizadas. En consecuencia, la inflación se traduce en la baja generalizada de los salarios, los cuales perdieron en sólo seis años dos terceras partes del poder adquisitivo. El consumo de alimentos se redujo en 45%, la miseria y el hambre que padecieron los trabajadores fue mayúscula. Véase el cuadro 20 derivado de información oficial con los réditos mencionados.

Las cifras no disponibles n/d reflejan datos que dejaron de reportarse por el escozor social que originaban; entre ellos, los reportes de <remuneración al capital> que refieren utilidades, las cuales, frente a la aguda miseria de las mayorías, crecieron como nunca antes.

Nótese que las administraciones públicas son, entonces, las promotoras de altas tasas de ganancia al capital, pero no a todo el capital, sino, fundamentalmente, al internacional. Este es un cambio importante del Estados Neoliberal[7] respecto del "Estado Benefactor": este favorecía a los inversionistas locales, aquél a los internacionales: *"Bajar los réditos para moderar la entrada de capitales, recomiendan las corredurías"* (Mayoral, I. y Piz, F., 1997).

Por no exportar el crédito es caro y escaso.

Las elevadas tasas que paga la administración pública para atraer inversión extranjera, elevan las tasas que cobran todas las demás instituciones financieras y encarecen el crédito para las empresas y la población. Esto obstaculiza la creación de empresas y empleos porque resulta más atractivo prestar al gobierno. Así mismo, la población deja de tener acceso al crédito en virtud de la escasez y carestía del mismo.

La exigencia de capital por rendimientos financieros —véase *"Duplicar el rendimiento para mantenerse en pesos exigen capitales extranjeros"* (Arroyo, E., 1995)-- reduce la remuneración del trabajo. Cuando esto sucede, como en 1995, los deudores caen en una verdadera trampa de insolvencia[8] y las instituciones de crédito en una trampa de cartera vencida, a grado tal que ello se ha tornado

---

[7]   Es pertinente hablar de *"Estado Neoliberal"* en tanto a la luz de la ideología del caso se realizan profundas reformas a las instituciones públicas, que desmantelan al llamado *Estado Benefactor*, surgido en la posguerra como instrumento para la contención del comunismo.

[8]   En 1995 la cantidad de deudores que cayeron en bancarrota, fue enorme, al grado de que al organizarse y manifestarse públicamente hubo de intervenir

en problema generalizado que demanda la intervención del Estado para "rescatar" a deudores y acreedores, a riesgo de quebranto del sistema financiero y con un elevado costo social. En México el rescate bancario ha costado a los contribuyentes cerca de 970 mil millones de pesos. La reciente crisis mundial de 2008 ha tenido similares orígenes de quebranto de deudores y acreedores.

Por no exportar los servicios públicos son insuficientes y de baja calidad.

Para poder pagar intereses por la deuda interna y externa la administración pública reduce la calidad y cantidad de los servicios que presta, tales como salud, educación, agua potable, alumbrado, seguridad, etc., así mismo reduce inversiones en infraestructura pública: escuelas, hospitales, carreteras, urbanización, presas, etc., y reduce también las plazas e ingresos de los trabajadores del Estado: *"Apretón fiscal exige el FMI"* (Estevez, D: 1995).

Esta situación parece ajena a la escasa exportación, sin embargo, el estudio detenido puede revelar las profundas raíces que la relacionan: es necesario comprender que la cantidad y calidad de los servicios del Estado guardan una estrecha relación con la cantidad y calidad de la producción de la sociedad; el Estado no puede proveer lo que la sociedad no produce, menos aquello que ha de remitirse al exterior. No podemos pasar esto por alto en la construcción de una nueva sociedad.

Por no exportar los impuestos se elevan.

Al crecer desmesuradamente la deuda y los intereses, la reducción de gastos e inversiones resulta insuficiente, entonces la administración pública aumenta los impuestos y las tarifas de los servicios que presta. Además, acude a la venta del patrimonio nacional (empresas públicas) y a la exportación desmedida de recursos estratégicos no renovables como el petróleo: consume el patrimonio de las futuras generaciones.

---

la Secretaría de Gobernación, hasta que Hacienda instrumento un plan para la ayuda de deudores y acreedores.

Por no exportar se reducen los salarios.

Al resultar insuficiente la reducción de servicios y el aumento de impuestos para pagar los intereses de la deuda, el gasto público supera los ingresos, y esto, junto con la devaluación explicada más adelante, se traduce en inflación: reducción del poder adquisitivo de los salarios y del consumo. En todo caso la sociedad termina pagando las ganancias privadas. A continuación se muestra comparativamente la inflación de México y EUA, puesto que la disparidad entre ambas repercutirá en el desequilibrio de la balanza comercial.

De 1950 a 1973 la inflación promediaba año con año una tasa cercana al 7% en México; en EUA era de 3% aprox. El diferencial acumulado de inflación entre ambos países es un indicador de la devaluación real del peso frente al dólar. Para equilibrar las monedas respectivas se requiere devaluar la que ha sufrido mayor inflación, de no hacerlo se cae en la sobrevaluación, lo cual se refleja en que a los mexicanos les cuesta menos importar que producir o comprar en México, y los productores ven incrementados sus costos y dificultades de exportar. El problema de devaluar es que se genera inflación que eventualmente anula la devaluación e incluso provoca desequilibrios mayores. De ahí que el control de la inflación es de importancia mayúscula. Una medida empleada ha sido el control de precios de productos básico, sin embargo esto sólo ha servido para el empobrecimiento de los productores agrícolas y el consecuente rezago de la producción del caso.

Cuadro 21.
Inflación al Final de Cada Administración.
(Base 1978=100)

Administración		Inflación Mex	Inflación EUA	Diferencial EUA Méx	Diferencial acumulado
Díaz Ordaz	70				
Echeverría Á.	76	65 %	50 %	15 %	15 %
López Portillo	82	260 %	70 %	190 %	205 %
De la Madrid H	88	2 310 %	20 %	2290 %	2495 %
Salinas de G.	94	110 %	20 %	90 %	2585 %

Fuente: Elaboración propia a partir de: Cárdenas, E., *La política económica de México, 1950-1994*, p. 216.

Lo más importante para evitar la inflación y las devaluaciones es, sobre todo, la eficiencia productiva y exportadora de las empresas, así como el adecuado manejo de las políticas fiscal y monetaria.

Por no exportar sobrevienen las devaluaciones.

El cambio de paridad de una moneda frente a otras es un mecanismo para alcanzar un nivel de reservas internacionales deseado, ya sea para corregir tendencias a la reducción o, también, para incrementarlas.

La paridad fija y la flotación con intervención de la banca central, se han venido empleando en México "para evitar variaciones abruptas de la paridad", para controlar la inflación y para atraer la inversión extranjera. Sólo en esto último se ha tenido éxito; las devaluaciones y la inflación se han contenido, pero tarde o temprano han estallado con estrépito.

Fred L. Block (1977) explica en "Los orígenes del desorden económico internacional":

<Después de 1945 los países firmantes de los tratados con el FMI se comprometieron a mantener tipos de cambio fijo, lo cual se mantuvo hasta los años setenta, en que por diversas causas, principalmente por la sobre emisión de dólares por parte de los Estados Unidos, los acuerdos fueron abandonados. Desde entonces las monedas de todo el mundo han sufrido fuertes variaciones y algunos países han adoptado la modalidad de fluctuación dirigida>.

Ciertamente existen presiones para revaluar o devaluar una moneda, mismas que pueden manejarse, en alguna medida, según la fortaleza de la economía de que se trate, pero no pueden impedirse ilimitadamente sin ocasionar trastornos.

La fortaleza de una moneda depende fundamentalmente del equilibrio de la balanza comercial externa. Si bien la devaluación *puede ser postergada* mediante préstamos o inversión extranjera que apoyen el nivel de reservas internacionales y la balanza de pagos, *también puede ser precipitada* por el vencimiento de los préstamos e intereses, pago de dividendos y liquidación de las inversiones, o la salida masiva de capitales, ocasionada por pánico u otros motivos.

En otras palabras, el alivio del crédito y las inversiones extranjeras al déficit comercial externo es temporal, y tarde o temprano opera en contra cuando requiere liquidarse.

Cuadro 22.
Devaluaciones por Sexenio..
Precio del dólar en Nuevos Pesos; Balanza
Comercial en Miles de Millones de Dólares.

	Año	Precio del dólar		Deva- luación	Balanza
		Viejos Pesos	Nuevos Pesos		
Ávila Camacho	46	n. d.	n. d.		0.5
Alemán Valdez	52	8.70			(0.1)
Ruiz Cortines	58	12.50		40 %	(1.9)
López Mateos	64	12.50		0	(2.0)
Díaz Ordaz	70	12.50		0	(4.1)
Echeverría A.	76	22.70		80 %	(15.2)
López Portillo	82	120.10		430 %	(7.4)
De la Madrid H	88	2,471.50		1960 %	49.7
Salinas de G.	94	3,438.10	3.43	40 %	(62.1)
Zedillo P. de L.	00	9,440.00	9.44	275%	(337.1)
Fox Quezada	06	10,860.00	10.86	15%	(352.1)
*Calderón H.	10	12,400.00	12.40	14%	(366.1)

Fuente: Elaboración propia a partir de: Cárdenas, E.,
La política económica de México, 1950-1994, y datos del Centro de Estudios de las Finanzas Públicas, *Estadísticas Históricas Indicadores Macroeconómicos,* varios años.
http://www.cefp.gob.mx/intr/e-stadisticas/copianewe_stadisticas.html#14
*Preliminar.

Cuando las compras exceden a las ventas en el exterior, la devaluación es una medida indispensable para frenar y corregir el desequilibrio. Si por algún medio se mantiene artificialmente la paridad de la moneda, como sucedió durante la administración salinista, *se favorece el desequilibrio comercial externo;* es decir, se subsidian las importaciones y se castigan las exportaciones: se siembra la semilla de futuras crisis que se manifestarán como macro devaluaciones. Cuando más se posterga una devaluación necesaria, mayores y más violentos son los problemas ocasionados al país, tal como lo hemos venido sufriendo al término de cada administración (Torres, R., 1979).

Nótese que el valor del peso en 1952 era de 87 centésimas de centavo de los actuales pesos; en 1954 pasó a ser de un centavo y cuarto, y así se mantuvo durante 22 años, cosa que ocasionó una enorme sobrevaluación acumulada y el déficit comercial persistente que antes anotamos.

Para 1976 era ya imposible contener más la devaluación; esta se gestó con anterioridad, pero, desde luego, también fue precipitada por la administración en turno, dado el manejo fuertemente deficitario del gasto gubernamental.

Nótese también que durante la administración de Miguel de la Madrid, con el mayor nivel de devaluación en la historia, *se logró un superávit comercial que revirtió, en seis años, el déficit de los 36 anteriores.* Ciertamente el sacrificio social fue enorme y lo peor de todo fue que en la administración siguiente se volvió a incurrir en un déficit que superó con mucho el superávit referido.

El precio del dólar en 1976 era de $12.50, valor equivalente a 1 centavo y cuarto de los actuales "nuevos pesos"; al precio actual de $12.50 por dólar, significa que este encareció 1000 veces en 34 años.

La manera sana de alimentar la oferta de dólares es con los ingresos de exportaciones y remesas. Si estas son suficientes el precio del dólar es estable; si son insuficientes las divisas escasean y encarecen. Pero en México, la oferta de dólares ha sido alimentada con ingresos provenientes de préstamos e inversión extranjera, con lo cual *se sostiene artificialmente el valor de la paridad y se provoca mayor desequilibrio externo.* Naturalmente tarde o temprano sobreviene la devaluación pero de manera más violenta y perniciosa, *por no devaluar cuando la balanza comercial es deficitaria:* "Requerirá **el gobierno** *3 mil millones de dólares para financiar el desequilibrio comercial de 94: exportadores*" (las negrillas son mías), (González, L., 1994).

¿Por qué las administraciones hacen esto? Los gobiernos argumentan que es porque las devaluaciones provocan inflación y esta alimenta nuevas devaluaciones. De ahí que la meta de mantener una inflación baja resulta en extremo importante y, entonces, se hace necesario encontrar un nivel preciso de "deslizamiento" (devaluación controlada), pero también se hace necesario un esfuerzo exportador enorme y decidido, de tal manera que sea posible alcanzar ambas metas.

El control de la inflación ha sido para las administraciones un objetivo *a toda costa*; esto se pagó demasiado caro en 1994-95 (véase *"La lucha a ultranza contra la inflación y el colapso de 1994"*, en Cárdenas, 1996).

Tal como hemos observado, podemos afirmar que no ha sido la mejor estrategia sostener artificialmente el valor del peso, si bien tampoco resulta aconsejable su total abandono, el tipo de cambio debe ser manejado con extremo cuidado y adoptarse un grado de deslizamiento que propicie un superávit comercial sostenido. No debe permitirse más déficit comercial.

Si los mexicanos queremos fortalecer el valor de nuestra moneda, la única vía real es la eficiencia productiva y exportadora de las empresas, así como el adecuado manejo de la política monetaria y cambiaria, para mantener un superávit comercial externo sostenido, suficiente para pagar las diversas obligaciones del país.

Pero, en todo caso, hemos de estar conscientes que el vencimiento de obligaciones o la fuga de capitales, en determinado momento, puede ser tal que ningún superávit comercial lo resista, sobre todo si se trata de economías endeudadas, dependientes, como es el caso de México. De ahí la necesaria reglamentación de las inversiones extranjeras *especulativas,* a corto plazo, y la prevención de fuga de capitales por parte de los "saca-dólares", como se les llamó durante la administración de López Portillo, cuando *retiraron del país más de 52 mil millones de dólares*, según declaró el presidente en su sexto informe de gobierno. A pesar de las enormes sumas obtenidas por la exportación petrolera el peso terminó con una devaluación del 430 % respecto a la administración anterior, terminó con la bancarrota del país.

Por no exportar aumenta el desempleo.

En 1995, a raíz de la crisis devaluatoria, cerraron numerosas empresas en todo México provocándose una oleada de desempleo como hacía mucho no se veía, en todos los niveles de ocupación y escolaridad.

Cuadro 23.
Empresas en México. Evolución 2001-2010.
Miles de Empresas

	2001	2002	2003	2004	2005	2006	2007	2008	2009	2010
Total	638	647	642	623	678	671	711	691	719	731
Variación		9	-5	-19	55	-7	39	-19	27	11

Sistema Empresarial Mexicano SIEM

Personas que otrora gozaron de buenos empleos, con importantes remuneraciones y prestaciones, gracias a los cuales contrajeron compromisos económicos, se vieron en la necesidad renunciar a su nivel de vida y de implorar por un empleo sin importar que tan bajo fuera el salario: era imperativo llevar pan a casa. Quienes tenían de por sí una condición precaria vieron con azoro que esta empeoraba aún más. Pocas cosas pueden doler más a una persona que perder su única fuente de ingresos y ver que no hay posibilidad de encontrar trabajo.

En lo que toca al empleo véase el siguiente comparativo de población vs. Ocupados, con lo cual se puede observar que las empresas ofrecen a la población en edad de trabajar apenas un 54% en 1970 y 49% en 2004de empleos.

Cuadro 24.
Empleo: Población en Edad de Trabajar vs. Ocupados.
Miles de personas

Año	Población Total	Edad 15-64	Ocupados	Desocupados	%
1970	48,225	24,147	12,863	11,284	46.73
1985	75,820	40,891	21,955	18,936	46.31
1990	83,971	47,706	25,957	21,749	45.59
1995	91,724	54,374	27,347	27,027	49.71
2000	98,438	60,272	32,009	28,262	46.89
2001	99,715	61,415	31,827	29,588	48.18
2002	100,909	62,579	31,551	31,028	49.58
2003	101,999	62,579	31,706	30,873	49.33
2004	103,001	64,876	32,179	32,696	50.40

Elaboración propia con datos del INEGI y Centro de Estudios de las Finanzas Públicas de la H. Cámara de Diputados.

Las empresas que principalmente desaparecieron fueron aquellas no exportadoras, las que dependían más de insumos importados, y las que tenían deudas, peor aún si eran en moneda extranjera: el precio de las importaciones y del crédito las hundieron. También cerraron numerosas empresas debido a la gran recesión del mercado interno, es decir, por falta de ventas o porque sus deudores no pudieron pagarles.

La lección dolorosa, si la traducimos a empleos perdidos, es que las empresas tienen la imperiosa necesidad de exportar y ser menos dependientes de los insumos extranjeros. En el futuro seguirán sucumbiendo aquellas empresas que no exporten, que dependan de bienes y servicios importados o del crédito.

Por no exportar se cancela, cada vez más, la independencia nacional.

Tal vez hemos llegado a pensar en la independencia nacional como un valor meramente simbólico, sin relación alguna con nuestras posibilidades de progreso y bienestar: nos equivocamos palmariamente. Ser dependientes significa ser esclavos de la deuda. México ha caído en una intensa espiral de dependencia respecto de la deuda externa y la inversión extranjera; acreedores e inversionistas son ahora quienes deciden el rumbo del país: la soberanía de que alguna vez gozamos se ha perdido no sabemos en qué medida. Pero sí sabemos del precio que estamos pagando por ello. No debemos seguir endeudando al país ni abriendo más la puerta a la inversión extranjera sin que adquiera compromiso alguno. Se requiere un enorme esfuerzo por exportar y lograr un superávit comercial externo sostenido. Esta es una condición necesaria pero, desde luego, no suficiente: se requiere, además, una administración pública que tenga el más absoluto compromiso con los mexicanos, un compromiso mayor que el compromiso con los acreedores.

Por no exportar se agudiza la Pobreza.

Desde 2008 México ha presentado magros desempeños económicos que lo ubican a la zaga de todos los países latinoamericanos. La Encuesta Nacional de Ocupación y Empleo (ENOE), que arroja información mensual sobre la situación del empleo en el país, informó que durante el 2007 y la primera mitad del año 2008 la tasa de desocupación fue menor a 4,0%. En julio de 2009 llegó a 6,12%, afectando más a las mujeres; en mayo 2013 el desempleo se ubica en el 5.04% (INEGI). En noviembre de 2008 alrededor de un millón 900 mil personas se encontraban en paro forzado (Encuesta Nacional de Ingreso y Gasto de los Hogares, INEGI en 2008). El ingreso de los sectores más pobres de la población disminuyó en comparación con el ingreso de los segmentos más favorecidos. El 60% de los más pobres perciben en conjunto el 27,6% del PIB. En contraste, el 10% con ingresos más altos concentró el 36,3% del PIB.

Según el Banco Mundial (BM), 10 millones de mexicanos cayeron en la pobreza entre 2006 y 2009. El informe apunta que en México viven 54,8 millones de personas por debajo de la línea de pobreza, lo que equivale a 51% de la población. Del conjunto de nuevos pobres en América Latina a consecuencia de la crisis, México concentró casi la mitad de ellos, mientras que Brasil (en el segundo sitio) sólo representa la quinta parte. Joseph Stiglitz (Premio Nobel de Economía 2001) ha señalado que el manejo de la crisis por parte de las autoridades mexicanas ha sido "uno de los peores en el mundo". La contracción del ingreso mexicano en 2008-2009 representó uno de los mayores, no sólo en América Latina sino en todo el mundo; de ahí gigantescas fortunas que conviven con millones en la pobreza. El origen de las grandes fortunas es claramente el empobrecimiento de las mayorías, gracias a políticas públicas que favorecen al capital.

En un país inmensamente rico, y con los personajes más ricos del mundo, viven 54 millones de mexicanos en la pobreza. Existe profunda desigualdad entre los estados del norte y los del sur, entre la población urbana y la rural. Es sabido que la desigualdad, más que la pobreza, conduce a conflictos sociales y revoluciones armadas.

La disparidad regional y la desigualdad son los más graves problemas sociales de México. Chihuahua, Jalisco, Colima, Coahuila, Nuevo León, Baja California y el Distrito Federal tienen niveles en el índice de desarrollo humano (IDH) similares al de países europeos. Oaxaca y Chiapas, en cambio, se encuentran a nivel de Burundi o Kenia. La Colonia del Valle o Polanco, en el Distrito Federal, tienen un IDH similar al de Alemania, mientras que Metlatónoc en Guerrero, se encuentra en situación similar al de Burundi.

According to CONEVAL (National Council on Evaluation of Social Development Policy) around 47.4 percent of the population is considered poor and 18.2% is considered to live in extreme poverty (Banco Mundial, 2010).

La crisis de 1994-1995 constituyó un enorme revés: la pobreza extrema se incrementó de 21 por ciento en 1994 a 37 por ciento de la población en 1996 (Banco Mundial 2004).

...44 por ciento de los **indígenas** se encuentra en el quintil más pobre de ingreso; estos grupos constituyen 20 por ciento de los pobres extremos y sufren los mayores niveles de privación en términos de salud, educación y acceso a servicios básicos (Banco Mundial 2004).

"La estrategia contra la pobreza debe tener un elemento específicamente diseñado para incluir a los grupos indígenas en áreas rurales, pues sufren desproporcionadamente en términos de ingreso y de ingresos sociales". (Banco Mundial 2004).

"Para mejorar su lucha contra la pobreza, México necesita lograr un crecimiento ligado a la agenda de competitividad para generar empleos de calidad, así como una redistribución. La inversión en el capital humano de los pobres es parte de una estrategia de competitividad", aseguró Isabel Guerrero, Directora del Banco Mundial para México y Colombia. "También es necesaria la consolidación de la inversión en infraestructura y de estrategias en el sector rural y el informal". (Banco Mundial 2004).

Según el informe del CONEVAL 2008:

—   Un número importante de mexicanos no cuentan con acceso a la seguridad social.
—   El avance en la reducción de la mortalidad infantil y, especialmente en la mortalidad materna, ha sido muy lento; el problema se agudiza en zonas de alta marginación y pobreza.
—   Existe desigualdad en el ingreso y en el acceso a oportunidades; estos problemas persisten después de muchos años.

— Existe una gran desigualdad regional en términos de desarrollo social.

— Se reporta un alto grado de discriminación y de desigualdad de género.

Donde hay justicia no hay pobreza.

Confucio.

México, entonces, vive en la injusticia.

CAPÍTULO 10

SOBREVALUACIÓN DE LA MONEDA NACIONAL (DÓLAR BARATO): CAUSA PRINCIPALÍSIMA DEL DÉFICIT CRECIENTE Y PERSISTENTE EN EL COMERCIO EXTERIOR DE MÉXICO. ¿ES POSIBLE EQUILIBRAR EL DÓLAR?

Nuestra hipótesis es que la causa principalísima del déficit comercial externo persistente de México es la sobrevaluación de la moneda nacional, igualmente persistente. Esto ha derivado en lo siguiente:

1ª. Las empresas no exportan porque durante sesenta años los dólares requeridos para sus importaciones los han comprado en bancos y casas de cambio. Por lo siguiente:

2ª. El mercado de divisas ha sido alimentado durante sesenta años con dólares provenientes de la deuda externa, contratada por la administración pública principalmente, y no por divisas obtenidas con superávit exportador, como correspondería a una economía sana.

3ª. Las divisas también provienen de las remesas de los trabajadores mexicanos radicados en el extranjero, principalmente en los EUA. México es el 3er. país que más remesas recibe del exterior, después de China y la India. Las remesas alcanzan montos de hasta 25,000 millones de dólares anuales, ingreso similar al de toda la exportación petrolera del país, superando incluso al ingreso por turismo, que cuenta con una vasta infraestructura. Las remesas son un enorme soporte al país, sin el cual la crisis y miseria sería de dimensiones aún mayores. Los mexicanos todos, estamos en deuda con esos otros mexicanos que arriesgando su propia existencia dan vida a nuestra nación.

Cuadro 25.
Comparación de la Sobrevaluación Promedio vs Déficit Comercial de México.
Balanza Externa en Miles de Millones de Dólares

Administración	Años	Sobrevaluación	Balanza
Echeverría Álvarez	1970-76	28.59%	(15.3)
López Portillo	1976-82	24.88%	(7.4)
De la Madrid	1982-88	-8.5%	49.7
Salinas de Gortari	1988-94	20.74%	(61.9)
Zedillo Ponce	1994-00	11.48%	(7.5)
Fox Quesada	2000-06	29.36%	(45.5)
Calderón	2006-10	15.14%	(35.0)

Elaboración Propia, según datos INEGI
Estadísticas Históricas Indicadores Macroeconómicos.

4ª. Lo anterior ha creado una profunda falla estructural: el proteccionismo gubernamental prolongado y la incapacidad exportadora de las empresas se han nutrido mutuamente.

5ª. Existen razones históricas e internacionales de la debilidad y el atraso del aparato empresarial mexicano, que no han sido resueltas. Comenzaremos revisando esto último.

Contexto internacional e histórico. El comercio internacional ha sido dominado desde siglos por naciones poderosas, que han impuesto condiciones arbitrarias en detrimento de los demás países. En la época de la Colonia obligaron a sus dominios a comprarles y venderles de manera exclusiva y ventajosa; prohibieron producir manufacturas y limitaron a las actividades primarias: las colonias se vieron convertidas en exportadoras de productos agrícolas, pecuarios y minerales, e importadoras de productos elaborados. Esto con el agravante de que los precios de unas y otras mercancías se establecían en el imperio; consecuencia obligada era que los países dependientes entregaban cuantiosas riquezas a cambio de precarios beneficios. Tales condiciones prevalecen en gran medida en la actualidad entre las naciones industrializadas y las "subdesarrolladas" (Braun, Oscar, 1977).

De parte de los colonizadores, la relación de dominación dependencia se explica en la doctrina del Mercantilismo, proteccionista en el comercio externo, la cual ha perdurado hasta nuestros días.

Por más que se abandere el libre mercado este no existe; después de 200 años aún se requieren tratados para liberar la circulación de mercancías, se impide la libre circulación de las personas, y continúa la formación de bloques económicos. La Comunidad Económica Europea es el ejemplo más conspicuo de lo que probablemente llegue a constituir las naciones del futuro: la fusión de diversos Estados.

En lo que corresponde a los países subdesarrollados, es probable que la causa haya sido aceptar como hecho fatal, sin posibilidad de cambio, la condición de país capitalista tardío, subdesarrollado, dependiente, en el cual los grupos dirigentes se supeditan en los negocios con las metrópolis, de las que obtienen apoyo político y material, en detrimento del interés nacional y de largo plazo; los gobernantes se concentran en la conservación del poder y en la búsqueda de la ganancia mayor e inmediata. Las condiciones materiales de la colonia han subsistido y han derivado en percepciones de la realidad, en ideología de sometimiento, que no hemos logrado superar y que sigue contribuyendo a las relaciones de dominación dependencia.

En la antigüedad los intercambios se realizaban con base a bienes reales, con frecuencia representados por oro y plata; no se realizaba el comercio internacional con papel moneda ni crédito. Paulatinamente se introdujo el empleo de monedas "fuertes" por su convertibilidad en metales preciosos; la Libra Esterlina británica tuvo aceptación hasta la Segunda Guerra Mundial, después de la cual E.U.A. (que también fue colonia, pero no permaneció en el subdesarrollo y la dependencia) impuso la *aceptación del dólar estadounidense como divisa internacional;*

esto le confirió gran fortaleza financiera como banquero del Mundo. A partir de entonces las naciones del ámbito capitalista, mediante los Tratados de Bretton Woods, aceptaron realizar sus transacciones internacionales en dólares, cosa que les obligó a acumular *reservas de esa moneda* y a entregar bienes reales a cambio de papel (Block, 1977, *"La elaboración de un orden económico internacional"*).

Para la firma de los Tratados se precisó la obligación legal de los EE.UU. de *honrar* en oro el papel moneda que ese país hiciera circular, según lo demandaran los poseedores. En aquél entonces las reservas auríferas de los EUA eran elevadas, pero en 1973, merced de la drástica reducción de las mismas, originado en la emisión cuantiosa de billetes, la administración norteamericana unilateralmente negó, *deshonró,* su obligación de convertir los dólares en oro (Block, Fred, 1980, *"La destrucción de un orden económico internacional"*). Desde entonces y hasta la fecha continúa obteniendo enormes cantidades de bienes reales a cambio de papel: es el único país que puede darse el lujo de tener un cuantioso y persistente déficit en su comercio exterior: *...la Unión Americana reportará un déficit comercial de 198 mil mmd...* (*El Financiero*, México, D.F., 29 de agosto de 1998, p.15). Esto es, obtener créditos sin pagar rédito alguno; le basta con imprimir billetes, mismos que, incluso, presta con intereses. La inflación que tal cosa genera se transfiere al resto de las naciones y no afecta solo a los EE.UU.

Otros países en cambio, tienen la enorme necesidad de mantener el equilibrio en sus finanzas internas y externas, pues de lo contrario su moneda se devalúa, lo que implica vender más baratos sus productos y pagar más por lo que compran. También les obliga a obtener préstamos y capitales de inversión por los cuales deben pagar comisiones, intereses, dividendos, principal, y contar con fondos de reserva que garanticen a los inversionistas convertir a dólares sus capitales y retirarse del país receptor de la inversión en cualquier momento.

Debido a un superávit comercial sostenido, algunos países han acumulado cuantiosas reservas internacionales, como China cuyas reservas alcanzan una cifra cercana a 4 billones de dólares.

El problema que se plantea a los países aludidos es que su moneda tiende a *apreciarse* frente a las demás, lo cual estimula importaciones y obstaculiza exportaciones, cosa que conduce al déficit comercial. Por ejemplo: si el grueso de las mercancías exportables mexicanas resulta más caro que las mercancías exportables norteamericanas, esto es un claro indicio de que la moneda mexicana está sobre valuada y el resultado obligado es el déficit comercial respecto de los EE.UU., déficit que tendrá que pagarse con préstamos e inversión extranjera. De lo anterior se desprende que si el gobierno, el mexicano por ejemplo, vende dólares subsidiados, hace los productos de las empresas extranjeras baratos: las está subsidiando. Las empresas locales, entonces, quedan en desventaja porque sus productos resultan caros en el exterior y en el interior; consecuencia: se importa más de lo que se exporta, el mercado interno consume más productos extranjeros, se provoca déficit comercial externo, endeudamiento y dependencia.

Para evitarlo, las administraciones públicas, a través de la banca central, maniobran para frenar tales tendencias. La intervención del Estado en la economía es un hecho observable de manera persistente; la realidad es que la administración pública interviene para favorecer a las empresas; a las locales durante la época de del "Estado Benefactor"; al capital internacional en la etapa del "Estado Neoliberal": gobierno y empresas viven y han vivido en estrecha simbiosis.

La versión oficial en los países subdesarrollados es que su situación se debe a las turbulencias económicas mundiales; sin embargo, es evidente que un país es vulnerable si está endeudado, si su preparación y productividad es reducida, si los gastos superan sus ingresos...

Las crisis económicas mundiales cada vez más intensas, frecuentes y sin fronteras ponen de relieve la real interdependencia de las naciones, hacen evidente la necesidad de recuperar el orden internacional como alternativa a la destrucción, porque después de las experiencias de guerra esta posibilidad debiera cancelarse por encima de todo. El sistema económico internacional está en crisis y pronto habremos de adoptar cambios radicales para repararlo o cambiarlo; entre otras medidas es indispensable lograr la estabilidad monetaria. Para algunos países la solución ha sido adoptar como moneda propia el dólar norteamericano; los países que integran la Comunidad Económica Europea han creado una moneda para todos ellos en conjunto: el *Euro*, que circula desde enero 1999.

Desde luego, el sólo superávit comercial no corregirá los atroces desequilibrios del país, sin embargo, es claro que de no resolver la grave debilidad exportadora del aparato productivo, y la política económica que la propicia, lejos de progresar el país se hundirá aún más en la deuda, la devaluación, la dependencia externa y sus consecuencias.

El futuro de la humanidad está en la verdadera unión de las naciones, en el libre tránsito no sólo de mercancías, sino también de personas, en el uso universal de una sola moneda, en la equidad y justicia entre naciones e individuos.

Se ha mencionado que en los países desarrollados, en general, el conjunto de las empresas exporta más de lo que importa y cada año obtienen superávit. Las divisas que generan las depositan o venden a los bancos y casas de cambio, con lo cual nutren el mercado de divisas. De este modo los gobiernos, las empresas y particulares que no exportan, pueden acudir a tal mercado para comprar los dólares que requieren.

En cambio, los países subdesarrollados —México incluido— padecen un antiguo, fuerte, persistente y creciente déficit comercial externo: las empresas compran más de lo que venden en el extranjero. Esto se debe a que, por una parte, en esos países las empresas son ineficientes y no competitivas, carecen de vocación para el comercio internacional: fueron incubadas a la sombra del proteccionismo gubernamental ("desarrollo estabilizador", 1950-76), orientadas al mercado interno y, hoy, sus productos son primitivos, anticuados, de baja calidad, caros, de escasa tecnología y, sobre todo, de muy bajo valor agregado, por ser productos primarios: venden plátanos, petróleo crudo, cobre, etc. y compran locomotoras, aviones, computadoras; véase:

> **Crecen dependencia y vulnerabilidad de la industria. Ningún proyecto para detener las importaciones de bienes intermedios.**
> En los últimos 18 años México "ha contado con un aparato productivo heterogéneo, vulnerable, deteriorado por la ruptura de las cadenas productivas y dependiente de las importaciones de bienes intermedios, advierte la Cámara Nacional de la Industria de la Transformación./ La dependencia de las importaciones de bienes intermedios ha crecido en los dos últimos años hasta en 80 por ciento y, por si fuera poco, el grado de dependencia comercial de nuestro país —indicador que relaciona las importaciones con el producto interno bruto (PIB) nacional-- se ha elevado hasta 21.2 por ciento respecto al periodo 1982-1986./

...las importaciones han ganado presencia interior de la oferta agregada, particularmente durante los últimos cinco años, y cobran cada vez mayor importancia en la dinámica del consumo interno./las exportaciones se han convertido en la fuente de financiamiento más importante para la adquisición de insumos y bienes intermedios que requiere la industria nacional./...ello ha traído consigo que *si México quiere exportar más, debe importar más... si se carece de las importaciones adecuadas una gran cantidad de bienes exportables dejaría de producirse*/...hay que tener presente —concluye-- que los problemas de la producción son de naturaleza estructural, lo cual reduce la capacidad para amortiguar los impactos que emanan de los ámbitos comerciales y financieros nacionales y externos (Becerril, Isabel, 1998:b, cursivas mías).

Por otro lado, el déficit comercial de los países subdesarrollados se debe a la sobrevaluación de su moneda, originada en la intervención de la administración pública, lo cual subsidia las importaciones (al hacer más barato comprar en el exterior que producir) y frena las exportaciones (al encarecer los productos en el mercado internacional, fuertemente competido). Si el mercado de divisas fuera alimentado únicamente con dólares obtenidos por exportaciones, la balanza comercial tendería forzosamente al equilibrio, puesto que en caso de presentarse déficit la divisa escasea, encarece y, de manera automática, frena compras y estimula ventas al exterior. Los créditos en dólares los deberían contratar las propias empresas.

Aparentemente, al menos, los empresarios están conscientes del error:

...líderes del CCE, CONCAMIN, CANACINTRA, CONCANACO Y CANACO, coincidieron en que debe mantenerse el tipo de cambio flotante y no caer en el *error de defender el peso a base de dinero prestado* (Becerril, Isabel, 1998:a).

Sin embargo, desde hace cincuenta años se defiende al peso con dinero prestado y hoy en día se continúa haciendo lo mismo:

El Banco Central intervino 15 veces con ventas directas de dólares. Durante el año, el banco central incrementó su participación en el mercado cambiario, subastó dos mil 250 mmd por el mecanismo de intervención directa de venta de dólares./El 1996 y 1997...la inversión extranjera en cartera se incrementó por arriba de los 50 mil mmd y dio la oportunidad al Banxico de intervenir en el mercado cambiario para acumular reservas sin precedente (Vanegas, Rodrigo, 1998).

Para ayudar a que el tipo de cambio baje "a niveles congruentes" el **Banco de México tomó la decisión de poner un "piso" a la tasa de interés** (del 27 por ciento, y está) dispuesto a pagar una tasa más alta (para atraer inversiones externas y) **para frenar las presiones cambiarias** (González, Gerardo, 1998).

> **Las medidas de Banxico aminoran los embates del exterior: Gurría.** ...una depreciación más acelerada del tipo de cambio hace permanente a la inflación y esta motiva el aumento de las tasas de interés, también de manera permanente (Flores, Gerardo, 1998:b).

Lo que es más: de 1954 a 1976 el dólar se vendió a una paridad fija a pesar de la enorme sobrevaluación que se generó en ese periodo. De entonces a la fecha se ha "flexibilizado" el control de la paridad, hasta adoptar en nuestros días el tipo "flotante", con "intervención sucia" (del banco de central), como suele llamarse; el resultado es que paulatinamente se llega a la sobrevaluación en virtud de la diferencia de tasas de inflación entre México y EE.UU., según lo muestra la caída del superávit y el crecimiento del déficit externo.

Gobierno y *especialistas* han acostumbrado a la población a creer que el superávit por ingreso de capitales, que compensa el déficit comercial, es el indicador adecuado del valor del peso, *aun cuando propicie agudo déficit comercial:*

> "...*una sobrevaluación afecta de inmediato la balanza comercial* (el consumidor preferirá productos importados simplemente porque son más baratos), por lo que constituye un indicador efectivo aun cuando las exportaciones estén creciendo rápidamente..." (Cárdenas, E. 1996, p.p. 194, 195).

A fin de cuentas, empresas y particulares pueden adquirir dólares para sus importaciones y gastos en el extranjero, comprándolos a precios artificialmente bajos —subsidiados— gracias al abastecimiento promovido por la administración pública; no les es indispensable exportar. Lo anterior, además, premia y enriquece a quien especula con la compra de dólares:

> *Primer inversionista que gana mil millones de dólares en menos de un mes* (El Financiero, 1998:b).

> *Suman 10 mil 800 mdd en promedio los depósitos de ciudadanos mexicanos en bancos de EU* (Sandoval, Antonio, 1997).

> *Urge un nuevo sistema financiero internacional. Especuladores se apoderan de los mercados* (Flores, Leonor, 1998).

> *Países emergentes, en las "garras" de especuladores. La globalización, su mejor aliada.* El especulador financiero, cuando una moneda está sobrevaluada, sabe que tarde o temprano caerá porque, ante una actividad cíclica de las economías, la sobrevaluación o la subvaluación de las monedas *no es sostenible en el largo plazo* (Jiménez, Bernardo, 1998, cursivas mías).

Durante la época del *desarrollo estabilizador*, del "milagro mexicano", la administración pública acudió a la *deuda externa* para alimentar el mercado de divisas y mantener una paridad artificial, artificial en la magnitud del déficit comercial que propició. Cuando se examina esa época la tasa de crecimiento del PIB, 7 por ciento promedio, hace creer que se vivió bajo la estrategia correcta. Sin embargo, el progreso alcanzado fue un espejismo creado con dinero prestado, el cual ha quedado al descubierto con una crisis que ya dura décadas. El problema se consolidó cuando llegado el momento de pagar se acudió a nuevos préstamos, sin corregir de raíz el problema: proteccionismo y el déficit comercial externo. Diversos autores plantean que el proteccionismo a las empresas debió abandonarse desde los años sesenta, otros opinan que nunca debió existir.

En los años recientes con el neoliberalismo en el poder, también se acude a la inversión extranjera para "defender el peso con base en dinero prestado".

Cuadro 26.
Inversión Extranjera. Entrada a México.
Cifras en miles de millones de dólares.

| Año | Directa | | | | En cartera | | | |
	Importe	%	Acum.	%	Importe	%	Acum.	%
1982	1.9	74	1.9	75	.6	26	.6	25
1983	2.1	131	4.0	97	-.5	-31	.1	3
1984	1.5	139	5.6	n.c.	-.4	-39	-.3	n.c.
1985	1.9	143	7.6	n.c.	-.5	-43	-.9	n.c.
1986	2.4	127	10.0	n.c.	-.5	-27	-1.4	n.c.
1987	2.6	161	12.6	n.c.	-1.0	-61	-2.4	n.c.
1988	2.8	74	15.5	n.c.	1.0	26	-1.4	n.c.
1989	3.1	90	18.7	n.c.	.3	10	-1.0	n.c.
1990	2.6	44	21.3	90	3.3	56	2.9	10
1991	4.7	27	26.1	63	12.7	73	15.0	47
1992	4.3	19	30.4	49	18.0	81	33.0	51
1993	4.3	13	34.8	36	28.9	87	61.9	64
1994	10.9	57	45.8	39	8.1	43	70.1	61
1995	9.5	100	55.3	48	-9.7	-110	60.4	52
1996	9.1	41	64.5	47	13.4	59	73.8	59
1997	12.4	80	77.0	50	5.0	20	78.9	50

Fuente: Cárdenas, Enrique (1995), Banco de México.

Los gobiernos en turno festinan el incremento de las reservas internacionales como señal de fortaleza de la economía y resultado positivo de sus estrategias. Sin embargo, nótese que la acumulación de amplias reservas corresponde a la política de paridad fija y no así a la de fluctuación dirigida y menos aún a la de libre flotación. Nótese también que la acumulación de las reservas del caso tiene un elevado costo ya que se realiza mediante la colocación de bonos gubernamentales.

Enrique Vilatela director de Bancomext confió en que *el déficit comercial no rebasará siete mil millones de dólares y, en consecuencia,* **será financiado sanamente con inversión extranjera.** *El desequilibrio mercantil, aseguró, no representará más del 2% del PIB, por lo que no habrá un choque adicional en el frente externo... (Becerril, Isabel: 1998).*

Sólo se requirieron días para desmentir tal declaración del 29 de agosto; el peso se devaluó casi 25 por ciento en las siguientes semanas. Desde el gobierno, la crisis se atribuye a la situación mundial, pero ello es sólo el resultado de la vulnerabilidad del país, derivada de la debilidad comercial y financiera gestada durante décadas.

Debe quedar totalmente claro que la "inversión extranjera", especialmente la "inversión en cartera" captada mediante bonos gubernamentales, es deuda, en el sentido más estricto: es dinero ajeno que genera dividendos y obligación de liquidación al vencimiento.

Las salidas de divisas por intereses, dividendos, pagos y liquidaciones que genera, habrá de sumarse a las salidas generadas por las importaciones; el resultado es un déficit creciente en la cuenta corriente de la balanza de pagos.

Si las empresas tuvieran que endeudarse en el exterior para financiar sus importaciones, seguramente lo harían en la medida de su capacidad de pago y se obligarían a exportar para pagar.

En los años recientes la situación de la inversión extranjera es la expuesta en el cuadro 26.

Ahora bien: son las empresas, no el Estado, las que tienen posibilidad y responsabilidad de exportar y, si la propiedad privada sobre las empresas predomina, es la iniciativa privada la titular de tal responsabilidad.

En los países desarrollados capitalistas, el Estado no exporta cosa alguna; sólo en el *socialismo* donde las empresas son propiedad pública, es el Estado el que tiene la posibilidad y responsabilidad de exportar. Probablemente la incapacidad del Estado socialista para comerciar en un contexto internacional capitalista, fue uno de los factores de su fracaso.

Si empresas y personas utilizan productos y servicios importados, también tienen la obligación ineludible de exportar y contribuir a las exportaciones, para así obtener los dólares necesarios para pagar los productos y servicios que emplean. Efectivamente, en los países con una *administración racional* la consigna para las empresas es *exporta o muere,* puesto que nadie va a conseguir las divisas para que comerciantes y particulares hagan negocio, y la población es consciente de la necesidad del equilibrio externo.

En México, empresarios, administradores y ciudadanos, no están conscientes de su responsabilidad de contribuir a la generación de divisas, puesto que no tienen ni han tenido la necesidad de conseguirlas en el exterior por sí mismos.

Tal inconsciencia se engendra en el proteccionismo que durante cincuenta años el partido de Estado ha prodigado a las empresas. De ahí la aberración de que empresarios y administradores consideren que el gobierno tiene la responsabilidad de proveer divisas para las operaciones de las empresas, para los negocios privados, así sea endeudando a la Nación:

> *Requerirá el gobierno 3 mil mmd para financiar el desequilibrio comercial de 94: exportadores.* (González, Lourdes, 1994).

Situación del sistema educativo.

Pese a que desde hace más de cincuenta años México padece graves problemas en su comercio y finanzas externas, *el sistema educativo no ha reaccionado ni ha asumido la responsabilidad de formar ciudadanos conscientes de la necesidad de mantener el equilibrio externo.* Aún durante la agudización de las crisis se observa un fuerte consumo de productos extranjeros, no siempre de primera necesidad, por parte de capas sociales de todo nivel; incluso pareciera que a mayor educación, mayor inconsciencia al respecto, merced de las posibilidades de consumo de las familias adineradas.

Trabajadores, administradores y empresarios, con las salvedades del caso, no mostramos preocupación por la grave responsabilidad de producir con calidad y eficiencia a nivel internacional. Esto no sucede en los países donde la administración de la educación ha alcanzado un mínimo de racionalidad y eficiencia.

Después de décadas de ingreso al GATT, y lustros en el TLC, las instituciones educativas de nivel superior no han impulsado un movimiento notable para reformar los planes de estudio de las diversas profesiones, para *formar egresados capaces de apoyar las actividades y funciones exportadoras del país.* No se plantean el propósito de formar profesionales altamente capacitados para promover la actividad exportadora desde las diversas especialidades; tampoco se plantean formar trabajadores conscientes de la necesidad de calidad en el trabajo a nivel internacional.

Las carreras de administración son, sin duda, las más obligadas al efecto, sin embargo, sus textos y planes de estudio no incluyen el tema del comercio internacional; las obras especializadas al respecto se destinan a un reducido número de personas, como si no fueran de interés vital y estratégico de toda la población. No es casual que esto suceda: los planes de estudio y la literatura en administración se caracterizan por su escaso vínculo con la realidad; es inútil buscar en ellos el conocimiento acerca de la problemática que viven empresas y gobiernos, especialmente en lo referente a la actualidad en México, cosa de nuestro mayor interés. El caso del comercio exterior no es la excepción.

La atención de los profesionales de la administración se ha centrado en el interior de las empresas y del Estado, como si existieran por sí y para sí, en el más absoluto vacío social e histórico. De ahí que los egresados formados bajo tal enfoque se encuentren en desventaja frente a otros profesionales, para asumir las tareas de administrar entidades públicas y privadas, especialmente en materia de exportación. Al revisar los planes de estudios de las diversas instituciones que imparten administración, encontramos que en el mejor de los casos se dedica un curso al tema, lo cual resulta a todas luces insuficiente. Debe tomarse en cuenta que, además de las asignaturas dedicadas expresamente, habrían de incluirse materias que concurran a la comprensión y manejo de la materia, como son la economía y finanzas internacionales y los idiomas. En los procesos de admisión debe incrementarse el peso del manejo de un idioma extranjero, al menos.

La demora en la reforma es una grave responsabilidad de los encargados de la educación en todos los niveles. Lamentablemente, no suele prestarse la suficiente atención al efecto y los tiempos de respuesta del sistema educativo son extremadamente lentos: es inaudito que después de treinta años de vivir en crisis las instituciones educativas, los docentes e investigadores no hayamos reaccionado; es urgente reformar a fondo las licenciaturas y posgrados en administración, orientándolos a formar expertos en materia de comercio internacional.

Los académicos y autoridades educativas tenemos en ello una grave responsabilidad con la sociedad y con las generaciones futuras.

En nuestras sociedades, donde priva el desempleo, donde corruptos y delincuentes viven opulentos, y el saber es muy poco apreciado, en estas sociedades, para aparentar el progreso de la población en promedio de años de escolaridad, se reparten títulos y certificaciones a diestra y siniestra; títulos que no respaldan saber alguno y que, naturalmente, conducen a ocupaciones elementales e improductivas. La gran farsa es que se da entrada a alumnos ineptos a niveles superiores para no cerrar escuelas; se les aprueba para continuar percibiendo presupuesto, colegiaturas y salarios, pues los alumnos ante la mínima exigencia académica piden cambio de profesor o de escuela.

En la experiencia docente universitaria por décadas, observamos alumnos que, después de 12 y hasta 15 años de escolaridad, llegan a cursar licenciaturas sin entender lo que leen y sin saber realizar operaciones numéricas simples. Por estos y otros indicadores la educación en México ha sido tildada de fracaso monumental (Andere, 2013). Sin embargo, nuestro mayor fracaso educativo no es la ignorancia de la población sino el *desinterés generalizado por el saber*, la gran pereza y desprecio de los jóvenes por el estudio: no son capaces de poner atención, ni de leer; les da sueño, no entienden, les cansa el estudiar, les disgustan las matemáticas, los idiomas, la Historia, la escuela... Esta aquí presente la educación esclavista. Recuérdese: Con la Inquisición era peligro de muerte leer, pensar, criticar, proponer conocimientos...

Salvo excepciones, los jóvenes son auténticos <homo videns> como los describe Giovanni Sartori. Su nuevo opio son la TV, los videojuegos, la vagancia, las drogas... para los jóvenes que no quieren estudiar ni trabajar, para los más desorientados y débiles mentales, la solución es buscar que alguien les mantenga, prostituirse, delinquir, asociarse al crimen organizado.

Esto es lo que sucede en AL en materia educativa: Sólo tomando conciencia y extirpando las raíces de la educación medieval e imperialista, AL podrá salir de su atraso, miseria, dependencia y mediocridad mental y material.

La mayor y más definitiva acción que podemos y debemos tomar, es que cada uno asuma la responsabilidad de su aprendizaje, se convierta en autodidacta, se desarrolle y capacite para luchar por su independencia, como se hizo en los siglos XV a XVII, para liberarse de la Iglesia Romana, bajo la conciencia de que la situación educativa no va a cambiar favorablemente; bajo la conciencia de que: nadie debe esperar educación para su liberación, salvo de sí mismo.

La ignorancia encadena; el saber es liberador. Hoy, más que en ninguna otra época, poseemos gran acceso al saber universal e histórico ¡Es hora de aprovecharlo!

CAPÍTULO 11

PERSPECTIVAS DE MÉXICO ANTE EL CRECIENTE Y PERSISTENTE DÉFICIT EN EL COMERCIO EXTERIOR. ¿DE QUIEN DEPENDE CAMBIAR EL RUMBO?

Pagar las importaciones con deuda, y pagar intereses con más deuda e "inversión extranjera" *durante más de medio siglo,* ha creado una enorme falla estructural: empresas incapaces de exportar y un Estado obligado a proveer divisas, en tal magnitud que no parece posible evitar las devaluaciones cada vez más drásticas y frecuentes, por más esfuerzos exportadores que hagamos.

Son causas del deterioro, los términos de intercambio, la recesión externa, el mercado interno permanentemente deprimido, y la combinación de factores. Pero más allá de ello, debe reconocerse que el país es extremadamente vulnerable a causa de la debilidad comercial persistente en el pasado, y a la situación financiera que ello generó. Debe destacarse que la devaluación nominal ha seguido *tardíamente* a la devaluación real. Lo anterior significa que el tipo de cambio, en la práctica *se ha devaluado antes,* pero nominalmente ha sido sostenido de manera artificial mediante préstamos externos e "inversión extranjera".

No pretendemos que devaluar sea, de manera alguna una medida deseable; ni que el mecanismo del mercado sea confiable. Simplemente la devaluación es una reacción obligada ante una situación insostenible de gastar en el extranjero más de lo que ingresa al país. Estamos conscientes que la devaluación provoca inflación, elevación de las tasas de interés y demás efectos, sin embargo, para evitarlo habremos de estar conscientes de la necesidad de ser más productivos, exportar más, tener superávit y manejar con mucho más cuidado el crédito. También debemos estar conscientes que si la devaluación ya se ha dado en términos reales, mantener la paridad nominal artificialmente, lejos de ser un remedio es un daño adicional a la economía.

Para evitar la devaluación nominal es necesario evitar la devaluación real a través de superávit externo, suficiente para cubrir las diversas obligaciones externas del país, incluyendo el voluminoso pago de intereses y dividendos de la deuda y la inversión externa.

La política económica de la administración pública se sustenta en resolver el problema de corto y mediano plazos, mediante la obtención de créditos. Bajo ese modelo el futuro es mayor dependencia del crédito y la inversión externa, más devaluaciones y más obligatoriedad de exportar para pagar. El superávit que se obtenga en el futuro no será para crecimiento y desarrollo, sino para sobrevivir y cumplir obligaciones.

Desde luego, no podemos esperar que el sólo superávit comercial corregirá los atroces desequilibrios del país, sin embargo, es claro que de no resolver la grave debilidad exportadora del aparato productivo, y la política económica que la propicia, lejos de conducir al país a progresar, lo hundirá aún más en la deuda, la devaluación, la dependencia externa y sus consecuencias. La analista financiera Isabel Becerril ya preconizaba en 1998:

> **Déficit comercial, principal riesgo para la economía.** El rompimiento de las cadenas productivas y el permanente debilitamiento de la planta fabril han provocado que México no logre consolidar el equilibrio en su balanza comercial./Aunque la devaluación que ha sufrido nuestra moneda provocará una desaceleración de las importaciones y un incremento en las exportaciones, esto no representa una seguridad en el frente exterior, ya que las ventas al

exterior no se hacen de manera sistematizada, sino que en su mayoría son coyunturales./Además, la menor adquisición de maquinaria y equipo importados representará la amenaza de un mayor deterioro en la planta fabril, con la consecuente disminución de su productividad y competitividad a nivel internacional...Un mayor volumen en de ventas al exterior como resultado de la devaluación, no debe generar falsas expectativas, ya que será un incremento marginal y temporal./La compras de bienes de consumo... presentaban un crecimiento de más del 40 por ciento... *La falta de cultura exportadora entre las pequeñas y medianas empresas... han provocado esa situación...* las compras foráneas de bienes intermedios representan el 60 por ciento de las importaciones totales, con lo que hay una evidente dependencia de la planta fabril... no se ha podido cumplir el objetivo de eslabonar una mayor cantidad de empresas micro, pequeñas y medianas con los grandes conglomerados exportadores, a fin de permitir la sustitución de importaciones...(Becerril, Isabel, 1998:a, cursivas mías).

El déficit externo se encubre. El sector externo de la economía se contabiliza en la denominada balanza de pagos; esta se compone de la balanza de cuenta corriente más la balanza de capitales, las reservas internacionales y la cuenta de errores y omisiones, como cuenta de ajuste[9].

---

[9] La balanza comercial refleja el saldo positivo o negativo —superávit o déficit-- del intercambio de mercancías. La balanza de servicios financieros muestra el déficit o superávit del servicio —réditos y dividendos-- de la deuda y la inversión extranjera. La balanza de servicios no financieros muestra el resultado del intercambio de servicios asociados al comercio: fletes, transportes, comunicaciones, etc. La balanza de cuenta corriente integra el conjunto de resultados de las balanzas parciales que la componen.

La balanza de capitales muestra el saldo resultante de los ingresos y salidas de inversiones externas, así como la obtención de préstamos o liquidación de los mismos. La cuenta de errores y omisiones es una cuenta de ajuste que refleja el cálculo de las entradas y salidas de divisas no captadas por la contabilidad oficial, derivadas de operaciones no registradas. La cuenta de reservas internacionales muestra las existencias de divisas en el país, las cuales se incrementan o reducen según resulte del conjunto de los saldos de las diversas cuentas parciales.

La balanza de cuenta corriente de los países subdesarrollados, ha sido persistentemente deficitaria durante décadas. Esto es, el valor de lo que compran los países endeudados dependientes, más intereses y dividendos de su deuda, supera el valor de lo que venden en el mercado internacional. Pero el déficit de la cuenta corriente suele ser compensado con superávit de la balanza de capitales, es decir, con ingresos de deuda por conceptos de préstamos e inversión extranjera. También se acude ello para incrementar las reservas internacionales. Así, la balanza de pagos que refleja el total de las operaciones del país con el sector externo resulta positiva; con ello los gobiernos manejan que "los indicadores macro económicos son favorables", que el sector externo se encuentra en equilibrio y que las reservas incrementan. Todo lo anterior encubre el desequilibrio externo que tarde o temprano se hace presente en forma de crisis de insolvencia, devaluaciones, quiebra de empresas, desempleo, etc., especialmente al relevo de gobierno.

Ante ese panorama es definitivo que las empresas no exportadoras, la población y la administración enfrentarán turbulencias económicas mayores en los próximos años: despidos masivos, cierre de empresas, escasez, inflación, desempleo, aumento de la delincuencia, rebelión social...

La competencia internacional se encuentra ya en territorio nacional y precipita el proceso, pero el detonador determinante son las devaluaciones que con cada administración tienden a hacerse más drásticas y frecuentes, propician el cierre de numerosas empresas no exportadoras.

Las tendencias devaluatorias no se revertirán mientras persista el déficit comercial externo y no se alcance un superávit suficiente y sostenido, de magnitud y duración tal que permita pagar importaciones, intereses, dividendos, gastos públicos y privados en el extranjero, así como constituir reservas suficientes para enfrentar las salidas cíclicas e inevitables de grandes masas de capitales y cumplir con las exigencias de los inversionistas externos, mientras no se legisle para detener la especulación... Enfrentémoslo: tal posibilidad real no existe, las tendencias devaluatorias continuarán y se intensificarán y, de hecho, cuando más se posterguen las devaluaciones nominales frente a las reales más intensas y dañinas habrán de resultar.

La deuda y la inversión extranjera en México han alcanzado dimensiones que las hacen impagables, incluso en el largo plazo, puesto que las salidas de divisas por intereses y dividendos que generan no alcanzan a ser cubiertas con los excedentes ocasionales obtenidos por exportaciones, aún con drásticas devaluaciones. Ni siquiera parece posible detener el crecimiento de la deuda y de la inversión externa; tal como están las cosas no es posible que dicho superávit sea de la magnitud necesaria.

Es poco probable que el problema se modifique en el corto plazo, sin la toma de conciencia y el concurso de cada una de las partes, incluida la ciudadanía y los responsables de la educación, desde luego.

La velocidad de la integración de nuestro país a la economía internacional es tal que no hay tiempo para esperar que las empresas existentes lleguen a ser exportadoras; lo probable es que desaparezcan y sean absorbidas por corporaciones transnacionales activas en el comercio internacional; los empresarios mexicanos comenzarán como "socios" pero terminarán como empleados de administradores extranjeros.

Los sistemas educativo, jurídico y político podrían reaccionar con la habitual demora, pero de no actuar decidida y eficientemente la población seguirá prefiriendo los productos de importación, las mayorías tendrán cada vez menos acceso a productos que redunden realmente en la elevación de su nivel de vida, seguirán consumiendo productos extranjeros chatarra, enajenando y posponiendo su progreso; los trabajadores no contribuirán a producir con las características necesarias de calidad y productividad para la exportación. Los profesionales no capacitados en la competencia comercial internacional serán desplazados y subordinados por extranjeros y por quienes se capaciten en este campo.

No debemos desestimar el poderío económico del gran capital internacional, capaz de comprar y corromper administradores públicos y privados para que sirvan a sus intereses comerciales y financieros, y no así a los de la Nación. Los hombres de negocios no suelen guiarse por patriotismo o sentimiento alguno que no sea el de la ganancia personal y de grupo. La ideología que heredaron de los conquistadores fue esa, a diferencia de la legada por los anglos en la construcción de E. U. A. que buscaban una nueva patria. Recordemos que los españoles buscaban primordialmente botín, que los indígenas no se independizaron de la Corona española, sino que fueron los europeos y criollos en el poder después de la Independencia de América Latina quienes al dejar de enviar riquezas a España, las riquezas quedaron para sí, pues los españoles siguieron en el poder, y no fueron expulsados ni decomisados sus bienes.

Lo expresado es una tendencia, lamentable pero muy clara, respecto la vida empresarial, educativa y social actual de nuestro país.

CAPÍTULO 12

CONCLUSIONES Y PROPUESTAS RESPECTO DEL CRECIENTE Y PERSISTENTE DÉFICIT DEL COMERCIO EXTERIOR DE MÉXICO.

Todos los mexicanos somos responsables de lo que acontece a nuestro país. Reconocerlo permitirá que hagamos aquello que esté en nuestras manos para cambiar la realidad. Los gobiernos y las empresas no son los únicos actores económicos. Los principales afectados, y por lo mismo, quienes habrán de poner remedio a la situación, son los trabajadores, los ciudadanos. A los administradores corresponde el estudio, la comprensión y divulgación del acontecer de empresas y gobiernos, pero los ciudadanos y los trabajadores no pueden hacer caso omiso del conocimiento so pena de sufrir las consecuencias.

No es admisible que se continúe endeudando al país para que las empresas funcionen: Mal, como lo han hecho, que los empresarios se enriquezcan, la población se siga empobreciendo y el país continúe debilitándose y haciéndose dependiente, y más vulnerable a los vaivenes externos.

Es imperativo que la administración pública favorezca que la paridad nominal y real del tipo de cambio, concuerden. No debe permitirse sobrevaluación por ningún motivo. Es previsible la necesidad de mantener el peso subvaluado para lograr superávit comercial. Debe legislarse para frenar y evitar la especulación financiera. Seguramente en contra de ello se manifestarán con todo su poder quienes hoy se benefician de la sobrevaluación que vivimos.

Las empresas deberán redoblar sus acciones de exportación y de integración al aparato exportador, y disminuir importaciones mediante la sustitución de las mismas por productos nacionales.

Es necesario legislar y fomentar la creación de nuevas empresas orientadas a la exportación, tal como en los países donde la administración actúa con una mínima racionalidad, la consigna debe ser: *exporta o muere*.

Las instituciones educativas deberán reformar radicalmente los programas de estudio, para que la población adquiera conciencia de la importancia de mantener equilibrio en el comercio externo. Las diversas profesiones deberán formar expertos que, desde su especialidad, puedan efectivamente favorecer las exportaciones, el control y el equilibrio financiero externo.

Los trabajadores deberán tener claro que su situación económica se vincula estrechamente a los niveles de calidad y productividad internacional de su trabajo. Es necesario que tal cosa se haga efectiva y notable por parte de empresarios y Estado, sobre todo cuando corresponde repartir beneficios, lo que habitualmente se evade.

Los ciudadanos han de informarse y comprender acerca de la importancia del comercio exterior y de la problemática que vive el país, a efecto de contribuir con las medidas pertinentes.

México ha vivido al menos sesenta años de déficit comercial externo, el cual ha sido financiado con dinero externo, comprometiendo la soberanía nacional y el futuro de las nuevas generaciones. Peor aún, la deuda contraída no ha sido utilizada para desarrollar empresas exportadoras, medida indispensable para liquidar créditos externos, y fortalecer la autonomía económica.

El país cuenta únicamente con un 1.4% de empresas exportadoras, respecto del total de empresas establecidas. Y las empresas exportadoras lejos de incrementarse, en menos de dos años se han reducido drásticamente. La conclusión obligada es que México está inmerso en una grave y creciente pérdida de soberanía económica, cimiento de toda otra soberanía.

La raíz de este gran problema es que las empresas en México no tienen presión alguna para exportar. El gobierno les resuelve la necesidad de divisas, endeudando al país, en lugar de dejar que <exporten o mueran>, como sería lo obligado para empresas que utilizan un alto nivel de productos y servicios extranjeros, en un sistema de libre empresa.

En México, la generalidad de los empresarios y administradores piensan, muy equivocadamente, que <no es necesario que las empresas exporten>, y que <es obligación del gobierno captar divisas en los mercados internacionales, para que los particulares hagan negocio>.

Al ocuparse el gobierno de traer divisas al país, empresarios y administradores se han hecho inconscientes de la necesidad de exportar, e incapaces de competir en el mercado internacional, y en el territorio propio, donde las empresas internacionales les ganan los mercados locales.

El que los gobiernos asuman el papel de proveedor de divisas es del todo contrario al postulado de <no intervención del Estado en la actividad económica>. Sin embargo es característico de los países subdesarrollados, endeudados, dependientes, el proteccionismo con que los gobiernos alimentan la inconsciencia e incapacidad de la iniciativa privada local para exportar y generar las divisas. Es simplemente la administración pública al servicio de la administración privada, en detrimento de la nación.

Se argumenta que ante la carencia de capitales propios, el crédito y las inversiones externas son indispensables para financiar el desarrollo. Pero la historia muestra cómo los países endeudados, en menos de una década llegan a pagar más réditos y dividendos que el monto de los créditos e inversiones obtenidos, y la deuda lejos de disminuir sigue creciendo.

A través de los años ha sido creada una profunda falla estructural de dependencia respecto del capital externo, la cual no permite fácilmente sustraerse de la dinámica de endeudamiento creciente: Si un gobierno se pronunciara en contra de continuar por ese camino, sucedería que la suspensión de financiamiento y el boicot de los acreedores provocaría el caos económico que, a no dudarlo, haría caer al régimen. La situación, entonces, es que los gobernantes salen adelante mientras dura su administración, para después emigrar a otros países con cuantiosas fortunas: <Después de mí, el diluvio>, diría Luis XV, quien dejó a Francia en ruinas y contribuyó con ello a la Revolución y decapitación de su sucesor, Luis XVI.

El gobierno afirma que los capitales externos entran al país como <inversión>, con lo que oculta que se trata de deuda, obtenida con bonos. Los gobiernos, con la complicidad de los medios de comunicación, se han encargado de promover tal creencia, festinando la entrada de capitales externos como éxito del gobierno en turno, y como supuesta fortaleza de la economía del país. A la entrada de capitales al país le llaman insistentemente <inversión extranjera>, incluida la <de cartera>, ocultando que se trata simple y llanamente de deuda.

Por supuesto que para los dueños del dinero comprar bonos gubernamentales con altos réditos es inversión, inversión muy rentable; pero para el país receptor del dinero ello es deuda, deuda pura, obligación financiera que genera intereses y dividendos, y tarde o temprano deberá liquidarse.

El gobierno mantiene elevadas reservas y con ello mantiene sobrevaluada la moneda nacional, lo cual propicia el déficit comercial externo. Al manejar estos mecanismos el gobierno participa en el manejo de enormes sumas; la salida de dinero de mexicanos al exterior, dinero que esos mexicanos no obtuvieron con exportaciones, evidencia que los capitales captados son destinados a especulación y negocios particulares; demuestra que el endeudamiento del país no es destinado a financiar el desarrollo.

También la ciudadanía ha llegado a creer que la obtención de capitales externos es la única manera de que el país progrese, ha llegado a creer que no es necesario exportar y lograr superávit. La ciudadanía no se percata de que tal cosa es camino indefectible de endeudamiento, dependencia, devaluación, crisis, y empobrecimiento de la población; situaciones estas cada vez más frecuentes, prolongadas, profundas y sin retorno.

Para pagar la deuda los gobiernos recurren reiteradamente a más deuda, hasta caer en insolvencia y crisis de pagos. En el uso del crédito existen indubitablemente dos momentos: endeudarse y pagar. Cuando llega el momento de pagar, como lo muestra la Historia, los países caen en drásticas devaluaciones, los gobiernos se aplican dolorosas medidas de austeridad para la población: Se le priva de seguridad social y servicios, se incrementan los impuestos, se mantienen salarios fijos ante el aumento generalizado de precios, se exporta a precio de liquidación y se genera inflación, escasez y hambre. Se retrocede y se pierde más de lo que se había ganado en un progreso que fue solo aparente.

El uso del crédito para financiar déficit comercial externo es adecuado cuando se usa para generar exportación tal, que en un momento posterior contribuya a liquidar la deuda. Pero usarlo sistemáticamente para el gasto corriente, para pagar deuda e intereses conduce al país a la ruina.

El uso del crédito es delicado. Aun cuando prestamistas y vendedores minimizan tal delicadeza. Debemos recordar que el uso del crédito es incluso peligroso; que en el pasado se llegaba a perder propiedad y libertad, que los deudores y sus descendientes eran convertidos en esclavos. En la actualidad observamos cómo los pueblos se han convertido en tributarios de sus acreedores: Pagan renta por un país hipotecado y perdido.

Las personas, las empresas y los países han de tener extremo cuidado al usar el crédito, sobre todo con tasas de interés flotantes. Para los deudores las crisis resultan catastróficas: La elevación de intereses ocasiona multiplicar pagos, perder la propiedad, perder el dinero pagado y, además, continuar endeudándose.

Claro que, con el dinero de los préstamos y de la inversión extranjera, los países inicialmente crean apariencia de desarrollo — como en el llamado <milagro mexicano> de los años sesenta— Pero llegado el momento de pagar los países caen en insolvencia, recesión, crisis, devaluación, etc., quedan postrados ante los acreedores y no tienen otra salida que declarar la moratoria, negociar nuevos plazos y condiciones, los cuales, obviamente, tienen costos adicionales. Finalmente los países deben obtener más préstamos, más inversión extranjera, cada vez más caros, ya no para financiar su desarrollo, sino sólo para pagar.

Durante el periodo de crecimiento económico la población ovaciona al gobierno, cerrando los ojos al hecho de que se está hipotecando el futuro de la nación; las voces disidentes son acalladas, aún con violencia, y los eventuales intentos de rectificación de la estrategia económica no suelen ser comprendidos, por la caída del nivel de vida que implica en el corto plazo dejar de pedir prestado: Se opta por la comodidad presente, se hipoteca el futuro de generaciones venideras.

En México la inversión extranjera directa enfrentó restricciones: hoy, se han creado leyes para promoverla; leyes para promover la deuda externa, pues agotado el expediente de la inversión directa, los gobiernos comienzan a emitir bonos orientados a captar inversión de cartera, con pago de elevados réditos. Las elevadas reservas el Banco Central mantiene una paridad que garantiza a los compradores de bonos la convertibilidad a dólares. Cuando sobreviene la crisis, además de los capitales extranjeros, salen capitales de funcionarios, ex funcionarios y empresarios locales, convertidos en dólares, para protegerse de la devaluación, para ganar con la conversión, y para prevenir juicios de enriquecimiento ilícito.

El reemplazo del PRI en el poder no produjo el cambio del modelo económico; por el contrario, los gobiernos panistas se mostraron fieles al mismo modelo, cosa que muestra su coincidencia ideológica <de derecha>. Pero incluso si algún partido <de izquierda> llegara al poder e intentara el cambio de modelo económico, esto sería complejo, dada la magnitud de la dependencia respecto de los grandes capitales en que el país ha caído. La población habría de apoyar las medidas correctivas de austeridad que, sabemos, serían necesariamente dolorosas y de largo plazo. La disyuntiva es que si seguimos por el mismo camino pagaremos muy caras las consecuencias.

Vivir de créditos se ha convertido en un proceso donde la dependencia se acrecienta a sí misma y va mermando la capacidad de maniobra y crecimiento de la economía, al destinar el escaso ahorro interno al pago de intereses y no a la inversión.

Ciertamente las devaluaciones benefician a algunos grupos. Cuando una moneda se encuentra sobre valuada, la medida especulativa consiste en comprar dólares antes de la devaluación, con lo cual el especulador llega a multiplicar lo invertido. La devaluación suele posponerse si hay ingreso suficiente de inversión extranjera o elecciones en puerta, pero indudablemente vendrá.

Los países se evalúan como negocio; existen empresas especializadas en evaluar las condiciones y ganancias que ofrecen los diversos países receptores de inversión externa. La función de las empresas calificadoras es asesorar a los inversionistas en cuanto a oportunidades de negocio, con lo cual influyen de manera importante en las decisiones y el destino de grandes flujos de capital. Esa evaluación propicia la inversión especulativa, aquella que busca aprovechar e incluso manipular devaluaciones y crisis financieras, para obtener elevadas ganancias.

Ante todo este panorama, asombrosamente, los países compiten por captar la inversión extranjera, puesto que la mayoría de los países subdesarrollados (es decir, sus gobernantes) están urgidos de recibir capitales externos. Como consecuencia, las garantías y réditos exigidos han crecido constantemente en años recientes. De ahí que resulte casi imposible establecer restricciones a la movilidad de capitales: El país que se atreva a hacerlo dejará de recibir inversiones y provocará salida masiva de las mismas. Se requerirán acuerdos internacionales al efecto, lo que implica enfrentar la oposición de las potencias económicas, principalmente de los E. U. A.

Sólo el equilibrio externo e interno fortalece a un país y a su moneda. La única forma real de sostener una moneda es mediante la productividad, la exportación, el adecuado manejo de la política económica por parte de los gobiernos, y finalmente, con el equilibrio externo. Si los ingresos externos no cubren los egresos, una paridad de cambio dirigida pero realista debe frenar la salida de divisas del país y estimular el ingreso, hasta lograr el equilibrio. Desde luego que las devaluaciones son dolorosas para la población, son recesivas, pero posponerlas mediante endeudamiento, propicia que resulten más explosivas y profundas, propicia que los especuladores obtengan pingües ganancias a costa del país.

Empresas y gobiernos son responsables de las devaluaciones. La única manera de evitar las devaluaciones es que las empresas sean eficientes y competitivas en el comercio internacional, que reaccionen eficazmente al crecimiento del gasto público, y que el Estado opere competente y responsablemente las políticas fiscal, monetaria y cambiaria. El gasto gubernamental en exceso al ingreso o, si se quiere, la recaudación menor que el gasto, la ausencia o insuficiente respuesta productiva de las empresas, y el comercio externo deficitario, son las causas reales de inflación y devaluaciones, y no pueden ni deben ser artificialmente encubiertas o compensadas por medidas sólo monetarias, bajo pena de empeorar resultados en el futuro.

Los gobiernos que fincan su política económica en la captar inversión extranjera mediante instrumentos de deuda pública, ocultan que:

• La captación de capital externo se destina a sostener las monedas locales sobre valuadas.

- La sobre valuación es la causa esencial del déficit comercial externo; beneficia a los negocios particulares y ocasiona endeudamiento al país.

- Con la sobre valuación se hipoteca el futuro y se hace más vulnerable al país ante la especulación y ante el movimiento masivo de los capitales internacionales.

- La inversión extranjera de cartera sale con gran facilidad en forma masiva de los países receptores, y con su salida deja a las economías sumidas en profunda bancarrota.

- Los países más endeudados son los más vulnerables ante la inestabilidad económica mundial.

- Las acciones de *salvamento*, nada desinteresadas, conllevan compromisos duros con los acreedores y con las agencias internacionales.

- Las consecuencias de la pérdida de soberanía se observan claramente en el incremento de los flujos migratorios hacia naciones industrializadas, indicador incuestionable de que las oportunidades de todo orden en los países endeudados dependientes, están clausuradas para gran parte de la población trabajadora.

En resumen, los países colonizadores han permanecido en el Mercantilismo proteccionista de siglos atrás. Las condiciones económico-históricas determinaron para la población de las ex colonias, una mentalidad de apatía, sometimiento y dependencia, que aún subsiste y se manifiesta en pensar que es posible vivir del dinero ajeno, y que "alguien", el gobierno, por ejemplo, tiene que resolver la situación. Tal condición ha influido en que la administración pública de los países atrasados, ha tratado a las empresas como menores, incapaces de crecer y desarrollarse, sin la protección del Estado. De ahí se ha desprendido una nula vocación y eficiencia exportadora de las empresas, y la absurda creencia de que la administración pública es la responsable de proveer las divisas necesarias para las operaciones industriales y comerciales. Se ha desprendido también la inconsciencia y la apatía de los sistemas jurídico, político, educativo y social, que no se percatan de la necesidad de exportar y del grave problema que ocasiona endeudar a la Nación para la realización de los negocios privados.

El origen de la situación descrita pudiera encontrarse en la época colonial, pero no se justifica que no lo hayamos superado: Debemos y podemos hacerlo. El proteccionismo de las metrópolis ha perdurado hasta nuestros días, pero es nuestra responsabilidad enfrentarlo. No hay pretexto que valga para continuar en la postración.

En todo caso si los actos de las empresas y de la administración pública afectan al país, incumbe a los ciudadanos actuar en consecuencia. Los estudiosos de la administración debemos investigar, explicar y divulgar el problema, y las opciones para resolverlo. Los partidos políticos, los que verdaderamente representan población alguna, son responsables de pronunciarse al efecto.

Identificar y realizar las medidas necesarias para resolver la dependencia del capital externo requerirá del estudio, discusión y consenso de diversos especialistas e instancias político-sociales, empresariales y diplomáticas. Los aspectos a considerar son:

El precio del dólar debe mantenerse dirigido, en nivel tal que las exportaciones superen las importaciones, para generar excedentes suficientes y pagar, cuando menos, los intereses y dividendos del capital externo. De no poner esta medida en práctica de mutuo propio y para nuestros fines de independencia, al sobrevenir otra crisis y <salvamento> se impondrá desde el exterior de manera compulsiva, para los fines de los acreedores, como sucedió durante la administración de Miguel de la Madrid de 1982 a 1988, y después con Ernesto Zedillo en 1995.

Los empresarios han de realizar esfuerzos firmes y decididos para vender en el exterior más de lo que compran, lograr superávit comercial externo sostenido. La consigna ha de ser <exporta o muere>. La atención del mercado interno no debe descuidarse, pero ha de vincularse a la estrategia exportadora, de ello depende la estabilidad social y política en el corto, mediano y largo plazos.

Para lograr la independencia nacional, otra vez, se requiere el apoyo firme y decidido de la población, ni más ni menos como en casos de guerra. La población ha de estar consciente que tendrá drásticas repercusiones en su bienestar inmediato; habrá de resistirlas si quiere recuperar la capacidad de decidir su futuro.

La inversión extranjera implica la responsabilidad directa de gobiernos y empresas; en consecuencia, los estudiosos de las administraciones deberíamos ser los especialistas más avezados e interesados en el conocimiento y resolución del tema.

Los administradores pueden contribuir a la solución del problema. El primer paso es estudiar y comprender a fondo la naturaleza y comportamiento del fenómeno; esto permitirá plantear y proponer soluciones. La divulgación de propuestas para el conocimiento de la ciudadanía es de importancia esencial, para generar movilización social y política, así como para influir en la estrategia económica de la administración pública. Además, los administradores como responsables y partícipes en la conducción de empresas y entidades gubernamentales, pueden y deben contribuir directamente a instrumentar estrategias para abrir mercados en el extranjero, lograr superávit externo, reducir la dependencia, y orientar el mejor uso del crédito.

Es necesario que los planes de estudio y bibliografía se actualicen responsablemente. No es aceptable que, pese a que el déficit comercial externo, la deuda y la salida de capitales han sido causa de severas crisis en décadas, en los países endeudados, la literatura y los planes de estudio de la administración pasen desapercibido el problema y no se observe movimiento alguno por actualizarlos. Por ese motivo, los profesionales del caso, no conocemos el problema ni aportamos soluciones, tal como habría de corresponder a quienes se forman para administrar empresas y entidades públicas.

El papel de las instituciones educativas ha de ser contribuir al conocimiento y fomentar el compromiso de resolución de los problemas sociales y nacionales. Las instancias educativas de todos los niveles y especialidades deben también promover la capacitación para la actividad exportadora y la reducción del consumo de artículos importados. De manera particular, las escuelas y los docentes en administración estamos obligados a renovar la literatura y los planes de estudio, e incluir el tema de la inversión extranjera en el marco de las finanzas internacionales, el comercio exterior, y las relaciones asimétricas.

El papel de ciudadanos y trabajadores es, principalmente, estudiar, mantenerse informados, reflexionar y actuar en consecuencia, específicamente con relación a la deuda externa, la inversión extranjera y el déficit comercial externo. Como trabajadores y como ciudadanos hemos de realizar con empeño, creatividad y disciplina nuestras actividades; recordemos que la productividad, la calidad, la eficiencia y la novedad de los productos los hacen atractivos en el mercado internacional: Debemos hacer enormes esfuerzos por exportar y lograr el superávit comercial externo.

Como consumidores, hemos de preferir los productos nacionales sobre los extranjeros, ya sea que estemos dentro o fuera del país.

Como ciudadanos habremos de participar de manera política, legal y pacífica, para lograr el cambio en la estrategia económica de parte del gobierno en turno, hacia la satisfacción de las necesidades sociales y nacionales.

Las perspectivas que se avizoran son desafortunadas: Es poco probable que la situación se modifique en el corto plazo, sin la toma de conciencia y el concurso de cada una de las partes, principalmente de los ciudadanos. No hay tiempo para esperar que las empresas existentes lleguen a convertirse en exportadoras; se requiere crear nuevas empresas orientadas desde el principio hacia el mercado internacional.

De no actuar decidida y eficientemente los sistemas educativo, jurídico, político, la población el país seguirá padeciendo devaluaciones, inflación, crecimiento de la deuda, desempleo, empobrecimiento, inseguridad, levantamientos armados... Y lo que lamentablemente estamos viviendo: 100 mil civiles muertos en seis años, la delincuencia organizada apoderada de las instituciones de gobierno, la guerra entre pandillas, y la muerte de inocentes como <bajas colaterales>.

Al iniciar este estudio nos propusimos develar los daños que las empresas infringen al país al no exportar, e identificar el papel que al respecto juega la administración pública. Encontramos que: sólo una ínfima proporción de las empresas establecidas en México exporta pese a que prácticamente todas usan insumos importados, que el déficit comercial externo padecido durante sesenta años al menos, se ha traducido en deuda externa, crisis devaluatorias recurrentes, enajenación de empresas a extranjeros, y dependencia creciente del capital externo: Los mexicanos tenemos cada vez menos facultad de decisión; México y las empresas son cada vez menos nuestros. Las empresas infringen al país un daño de enormes proporciones al no exportar.

El presente trabajo apenas aborda el problema; trata de precisarlo, de identificar las causas, consecuencias, perspectivas y acciones a seguir frente al mismo: No es concluyente, debe admitirse. Sin embargo, el problema revela ser de tales proporciones e importancia para los mexicanos, que resulta indispensable y urgente proseguir un programa de investigación y divulgación sobre el comercio exterior mexicano. Tal investigación es una responsabilidad insoslayable de todo estudioso de la administración y profesiones afines. Esto es una necesidad vital y estratégica para el País, no es moda, no es coyuntura.

Son diversas las preguntas que aún demandan respuesta y muchas otras que surgen con la presente aproximación: ¿Cuántas empresas se han convertido en exportadoras en los años recientes? ¿Qué proporción de integración nacional contienen las exportaciones del país? ¿Cómo podrá el país en los próximos años pagar los intereses y dividendos contratados?...

El futuro cercano de los mexicanos no es halagador, no será fácil de manera alguna. Por ello precisamente deberemos hacer acopio de optimismo, valor, energía, estudio, trabajo, austeridad, esfuerzo imaginativo, participación... No es un caso perdido, pero tampoco es para pusilánimes. A las generaciones anteriores tocó la guerra con España, EE.UU. y Francia, derrocar dictaduras, construir instituciones... Las nuevas generaciones habremos de resolver los problemas que hoy agobian a nuestra Nación: Comencemos estudiando con ahínco, cumpliendo empeñosamente nuestros deberes, haciendo mejor lo que hacemos, contribuyendo con las soluciones a nuestro alcance.

Debemos divulgar que: El déficit comercial externo de un país ocasiona deuda externa, la cual sólo puede ser pagada con el proceso inverso: superávit comercial externo, suficiente para pagar capital e intereses. Si el déficit ha sido persistente por décadas y ha generado una abultada deuda, el superávit, entonces, habría de ser cuantioso y sostenido para llegar a liberar al país de esa deuda. Sólo con esto podremos revertir esta causa sistemática y esencial de endeudamiento, dependencia, devaluación, crisis y pobreza en México.

Los profesionales de la Administración tienen hoy la oportunidad y el reto de modernizar, ampliar y elevar la importancia de su disciplina, para con ello acceder a dirigir organismos públicos y empresariales al más alto nivel internacional. Adquirir las competencias del nuevo perfil del administrador, acorde al mundo <globalizado> y a la sociedad del conocimiento de hoy, es el camino. El nuevo perfil del profesional de la Administración permitirá a docentes e instituciones educativas, actualizar y enriquecer los niveles: técnico, profesional, de especialidad, maestría, doctorado y posdoctorado, a efecto de formar los expertos conocedores de empresas y gobiernos que el país y el avance organizacional demandan. Los idiomas y la función de Investigación y Desarrollo ampliarán drásticamente las oportunidades a las que, con seguridad, los nuevos profesionales de la Administración podrán acceder.

TERCERA PARTE

CAPÍTULO 13

UN NUEVO Y AVANZADO PERFIL PROFESIONAL NECESARIO PARA EL ADMINISTRADOR, ACORDE AL MUNDO GLOBALIZADO DE HOY.

Para que el estudioso de la administración logre una formación realmente adecuada en el contexto hasta aquí descrito, pero sobre todo una formación que le permita participar competitivamente en el mercado de trabajo, deben tomarse en cuenta, adicionalmente a los propósitos planteados, las exigencias de las instancias empleadoras, así como la situación actual de *globalización y privatización* de la actividad empresarial y gubernamental que vive el mundo.

En otras palabras, para determinar el perfil del administrador profesional y el consecuente plan y programa de estudios, ha de considerarse que una vez cursado el nivel superior —licenciatura, especialidades, maestría, doctorado y posdoctorado-- los egresados deberán estar capacitados para desempeñarse, es decir trabajar profesionalmente en su especialidad al más alto nivel. Conforme lo anterior se establece lo siguiente:

El Administrador profesional competente
en el mundo globalizado:

1°. Posee conocimiento experto de las actividades y situación industrial, comercial, financiera, y de servicios, respecto de los países con mayor crecimiento en los últimos años, y respecto del país en que haya de desempeñarse. Así mismo posee conocimiento experto de los recursos naturales, de los mercados, infraestructura y fuerza de trabajo, específicos del país o localidad.

2°. Tiene capacidad de dirigir eficazmente organismos industriales, comerciales, financieros y de servicios, ya sean públicos, privados o del sector social, al más alto nivel, en el ámbito nacional e internacional.

3°. Está capacitado para generar nuevos conocimientos así como para actualizar, validar y desarrollar los existentes, en su disciplina. Está capacitado para impulsar y conducir el desarrollo científico técnico necesario en las corporaciones, para lograr el liderazgo de las mismas.

4°. Posee conocimiento experto en lo referente al orden económico, jurídico, político, social y laboral de su país y contexto.

5°. Domina las técnicas de negociación y expresión en público.

6°. Domina dos o más idiomas.

7°. Conoce y puede servirse ampliamente de los sistemas informáticos.

8°. Posee, y se conduce con, elevada conciencia legal, ética, de servicio y de responsabilidad social y ecológica.

9°. Posee amplia cultura y practica excelentes relaciones humanas.

10°. Es capaz de obtener capital, ingresos y utilidades, así como de aprovecharlos óptimamente.

Naturalmente, en toda profesión se da un proceso de maduración; es usual comenzar desde posiciones modestas y los ascensos, en principio, son ganados con las pruebas de competencia y estudios de posgrado que cada caso amerite. Ocupar altas posiciones tampoco puede ser destino y mucho menos *promesa* para los estudiosos de las administraciones. Simplemente se trata de definir parámetros para la formación en el campo que nos ocupa; en todo caso los logros profesionales son una realización personal que, desde luego, también ponen a prueba la aportación de las instituciones educativas y son el *examen de graduación* definitivo de los egresados. Un poco de reflexión confirma que esa es la clase de administradores que requiere el mundo actual y desde luego las naciones, independientemente que entrañe un enorme reto para formarlos.

Pensemos en los más altos puestos de las administraciones pública y empresarial: ¿Dónde se formaron quienes los ocupan? ¿Deben las instituciones educativas nacionales omitir la responsabilidad de formarlos y dejar que continúe siendo la improvisación, el empirismo o las instituciones extranjeras quienes los formen, y que carezcan de la más elemental responsabilidad social, ética, histórica y ecológica, como tan frecuentemente sucede? Definitivamente no. Como ciudadanos, como responsables y *actores*, que no receptores, de la educación, debemos plantearnos los más elevados objetivos. El presente perfil para los profesionales de la Administración, que desde luego podrá ser enriquecido, debe dar lugar a la identificación de los objetivos de las licenciaturas y posgrados, así como de las asignaturas que las conforman.

A continuación explicamos y justificamos cada una de las características antes anotadas:

Administrador profesional competente es aquel que tiene capacidad de dirigir eficazmente organismos industriales, comerciales, financieros y de servicios, ya sean públicos, privados o del sector social, al más alto nivel, en el ámbito nacional, o internacional.

El título de administrador se justifica, sí y sólo sí, incluye la capacidad de dirigir y lo hace de manera general respecto de los organismos industriales, comerciales, financieros y de servicios, en los ámbitos público, privado y del sector social. Si acaso cubre solamente una parte de los campos señalados, deberá aclararse, como requisito de seriedad académica elemental (ofrecer lo que es real). Crear expectativas infundadas sólo deteriora el prestigio de la profesión.

Incluir el ámbito nacional e internacional responde a que ningún profesional se forma, en principio, para desempeñarse solamente en su país; pero, además, dado el fenómeno de la *globalización* de las empresas, la dirección de las mismas tiene necesariamente que remitirse al campo internacional; con mayor razón procede incluirlo si se trata de administradores públicos. El administrador profesional competente debe de estar profundamente capacitado para realizar exportaciones y promover el comercio exterior.

Referirse "al más alto nivel" debiera parecernos natural, ya que si se trata de formar "mandos medios", esto debería también especificarse, y naturalmente ese nivel también requiere atenderse.

El administrador profesional competente posee conocimiento experto de las actividades y situación industrial, comercial, financiera, y de servicios, respecto de los países con mayor crecimiento en los últimos años, y respecto del país en que haya de desempeñarse. Así mismo posee conocimiento experto de los recursos naturales, de los mercados, infraestructura y fuerza de trabajo, específicos del país o localidad.

Un gobernante o un dirigente empresarial, no debería ser ajeno o lego en cuanto a la situación de las empresas en el mundo, especialmente de las que se están desenvolviendo con mayor dinamismo, frente a las cuales habrá de competir y de las cuales mucho tendrá que aprender. Desde luego también requiere conocer las estrategias industriales, comerciales y financieras que los gobiernos respectivos están poniendo en juego y que de manera tan determinante impulsan el desarrollo empresarial. En consecuencia, naturalmente, también requiere ser experto en lo concerniente a las empresas y gobierno de su país.

Por otra parte, *todo bien y producto* que disfrutamos o conocemos *se obtiene en primera instancia de la naturaleza.* De ahí que tanto los administradores públicos como los de empresas requieren conocer con amplitud los recursos naturales con que cuenta su localidad en el contexto mundial, así como las mejores maneras de aprovecharlos y *preservarlos.* No es posible aprovechar y preservar esos recursos si se desconocen: cuantía, ubicación, propiedades, utilidad industrial y estratégica, así como el deterioro que sufren. En caso de desconocimiento, como actualmente sucede a los administradores públicos y de empresas en México, se cometen graves errores, y la participación del administrador se ve reducida a papeles muy secundarios, desplazados por los mejor capacitados.

El aprovechamiento de la naturaleza se realiza mediante la *infraestructura pública y empresarial,* así como con el concurso de la *fuerza de trabajo* calificada, capaz de manejar eficientemente dicha infraestructura. Estos son los *recursos principalísimos de los administradores* para la producción y prestación de bienes y servicios para la población y para el comercio internacional. Conocer a fondo tales recursos y cómo desarrollarlos es indispensable al administrador profesional competente.

El administrador profesional competente está capacitado para generar nuevos conocimientos así como para actualizar, validar y desarrollar los existentes, en su disciplina. Está capacitado para impulsar y conducir el desarrollo científico técnico necesario a las corporaciones, para lograr el liderazgo de las mismas.

El administrador profesional necesita contribuir al desarrollo de su propia disciplina, so pena de que otros profesionales con mayor capacitación lo hagan y, como es natural, lo desplacen. El desarrollo de una ciencia cualquiera que ella sea, está íntimamente relacionado con la capacidad de sus profesionales para producir innovaciones y desarrollar nuevos conocimientos; y esto depende a su vez de la formación científica que se les provea. De ahí que la formación y capacitación en investigación y desarrollo deba ser prioritaria en el currículo de la licenciatura en Administración.

Además de desarrollar su propia profesión, el administrador competente debe ser capaz de impulsar el desarrollo científico técnico del organismo bajo su cargo. La ciencia y tecnología son *punta de lanza* en el crecimiento, liderazgo e incluso sobrevivencia de todo organismo; son el más poderoso instrumento competitivo de empresas y gobiernos, de ahí que los más visionarios realicen cuantiosas inversiones en investigación y desarrollo, y guarden celosamente sus resultados. Ninguna empresa o gobierno podrá, entonces, acceder a la ciencia y tecnología más avanzada si no la produce por sí mismo; creer que otros se la proporcionarán es error, ingenuo en extremo, que se traduce en dependencia, atraso, explotación y empobrecimiento para la empresa o país que se gobierna.

Quien quiera gobernar o dirigir deberá estar ampliamente capacitado para impulsar el desarrollo científico técnico del organismo a su cargo.

El administrador profesional competente posee conocimiento experto en lo referente al orden económico, jurídico, político, social y laboral de su país y contexto.

¿Se podría gobernar o conducir empresas sin el conocimiento arriba referido?, ¿Podría dicho conocimiento ser leve o superficial? Desde luego que no. La administración es un fenómeno eminentemente económico-jurídico-político, así como laboral y técnico; el administrador profesional competente necesita tener una clara comprensión de la Economía, el Derecho, y la situación sociopolítica laboral, en cuanto a la teoría y la realidad *actual*, de su país y del contexto mundial. Con ese contexto viven estrechamente vinculados e interactúan gobiernos y empresas. El administrador puede tener asesores expertos pero requiere entenderlos y comprender por sí mismo las situaciones, o será desplazado por los mejor preparados que él.

El administrador profesional competente domina las técnicas de negociación y expresión en público.

He aquí la médula del trabajo del administrador: comunicarse con los demás, negociar y lograr acuerdos. Existe toda una tecnología al respecto. El administrador no sólo debe conocerla, sino dominarla y practicarla con maestría.

El administrador profesional competente domina dos o más idiomas.

El administrador profesional competente en la actualidad debiera ser poliglota. Si bien en el pasado reciente la actividad gubernamental y empresarial se restringió al interior del país, esto ya no sucede más. Especialmente los países en desarrollo requieren de personas capaces de abrir espacios de acción y obtener beneficios en el extranjero. Es un hecho que en el futuro cercano, tal vez ahora mismo, quienes no dominen más de dos idiomas tampoco podrán obtener un puesto como administradores. El dominio de dos o más idiomas debiera ser requisito de admisión para los estudios universitarios de la administración.

El administrador profesional competente conoce y puede servirse ampliamente de los sistemas informáticos.

Los sistemas informáticos son sin duda la herramienta de trabajo y de negocios más poderosa que existe; ninguna organización o persona pueden prescindir de ellos sin grave detrimento en su capacidad competitiva. Ciertamente sólo en caso de pretender dirigir el área especializada se requerirá dominio de tales sistemas; sin embargo, incluso para quienes aspiren a dirigir otras áreas de las organizaciones, el conocimiento y la comprensión de los sistemas informáticos es requisito indispensable, que además ampliará considerablemente el campo y las perspectivas de trabajo del administrador profesional.

El administrador profesional competente posee, y se conduce con, elevada conciencia legal, ética, de servicio, y de responsabilidad social y ecológica.

Esta es una de las características a la que menos atención se ha prestado y las consecuencias están a la vista: Administradores que primero se sirven a sí mismos; que se sirven de las empresas y de los gobiernos para sus fines personales; administradores a los que la sociedad, la ecología y desde luego la ética les tiene absolutamente sin cuidado. Naturalmente los administradores son parte y producto de la propia sociedad; su moralidad refleja la moralidad imperante, pero en todo caso las instituciones educativas tienen al respecto una gran responsabilidad, en la medida que, por las razones que se quiera, no se ocupan de estudiar objetivamente esta problemática.

Es claro que los administradores tienen acceso a amplios poderes, que manejan dinero y decisiones, que frecuentemente son presionados o "tentados" a actuar ilegal o deshonestamente, expuestos a abusar del poder y la autoridad. Por tales circunstancias es que los administradores tienen mayor necesidad de estar preparados para no incurrir en faltas; estar muy conscientes de la grave responsabilidad que les concierne, de las penas a que se exponen, pero sobre todo, los administradores profesionales deben estar conscientes del ejemplo que proyectan hacia sus colaboradores cercanos y remotos.

La corrupción y el abuso del poder han derribado imperios, han causado guerras, han terminado también con administradores en la cárcel; la corrupción es una de las causas de la deplorable situación que vivimos: Todos los profesionales, no sólo los administradores, debieran formarse con amplios conocimientos objetivos acerca de los daños causados por la corrupción. Es claro que la calidad de las organizaciones es simple y llanamente el reflejo de la calidad de sus integrantes; pero más que de su calidad técnica, lo es de la calidad humana de los mismos. No podemos esperar acciones o productos de calidad, de ninguna clase, de organismos administrados por personajes de dudosa calidad humana; siempre pondrán su beneficio personal por encima del interés común.

Por último, una de las más graves consecuencias del manejo irresponsable de empresas y gobiernos es el *deterioro ambiental*, por cierto estrechamente ligado a lo mencionado líneas arriba. Las empresas, sus productos y desechos son los principales responsables directos de las alteraciones ecológicas, si bien los administradores públicos son los responsables por la legislación, instrumentación, puesta en práctica, vigilancia y sanción, para la preservación del ambiente.

El administrador profesional requiere conocer y comprender ampliamente el problema ecológico, así como los recursos técnico-científicos para enfrentarlo, y mejor aún, debe ser capaz de convocar a la participación ciudadana como parte importante también a este respecto.

El administrador profesional competente posee amplia cultura y practica excelentes relaciones humanas.

La capacidad de relacionarse adecuadamente es importante para el administrador en la medida que requiere obtener la colaboración de los demás, cosa que puede lograr con el uso de autoridad, pero que es más productiva si se obtiene por reciprocidad. Además, la capacidad de relacionarse con base al respeto y empatía previene al administrador del abuso del poder en sus relaciones con los gobernados y subordinados, algo frecuente en las organizaciones. Ese abuso del poder, en el caso de los gobernantes puede llegar, y así sucede, a situaciones más extremas.

Sin embargo, al aludir al dominio de una amplia cultura y excelentes relaciones humanas estamos pensando en ello no sólo como elementos para abrirnos paso en el mundo de los negocios o el poder, a los que diversos autores han hacen alusión. Creemos que tales características pueden contribuir a que el administrador profesional desarrolle la sensibilidad humanística que le permita comprender mejor el mundo y el tiempo que le ha tocado vivir, y a partir de dicha comprensión pueda contribuir a conducirlo a estadios superiores.

El administrador profesional competente es capaz de obtener capital, ingresos y utilidades, de y para desarrollar y ampliar la capacidad operativa del organismo a su cargo.

En la empresa privada esto es evidente, pero no así en los organismos públicos, debido a la tradición de financiarlos con los impuestos, con deuda pública o emisión de dinero. Esto tarde o temprano habrá de desaparecer en los países que deseen progresar: Toda actividad gubernamental o privada habrá de ser financiada por sí misma; cada usuario o beneficiario deberá pagar por lo que recibe, a crédito si es necesario, y no a costa de los demás, salvo verdaderos casos de asistencia pública, los que habrán de ser realmente excepcionales. Esto es indispensable para evitar el beneficio privado a costa de la población; así mismo es instrumento para medir la eficiencia y para evitar la corrupción del administrador, frecuentes en el capitalismo.

Obtener capital, ingresos y utilidades, así como aprovecharlos óptimamente, es la mayor de las responsabilidades económicas de todo administrador, en todos los niveles y funciones de los organismos, incluso en aquellos que aparentemente se encuentran desvinculados de tal función, donde lo procedente es ser coadyuvante. De que esto se entienda depende el desarrollo y crecimiento presente y futuro de los organismos y ello significa ampliación de los servicios que prestan, empleo, abasto, progreso, etc. También de ello depende la permanencia y progreso del administrador.

ÍNDICE DE CUADROS

ÍNDICE DE CUADROS
Concluye

BIBLIOGRAFÍA GENERAL, PUBLICACIONES PERIÓDICAS Y OTRAS FUENTES CONSULTADAS

BIBLIOGRAFÍA.

Arias Galicia, Fernando, 1972, *Introducción a la técnica de investigación en ciencias de la administración y el comportamiento,* Trillas, México.

Arias Galicia Fernando, 1976, compilador, *Lecturas para el curso de metodología de la investigación,* Trillas, México.

Banco Mundial, BM, 2004. *La pobreza en México: una evaluación de las condiciones, las tendencias y la estrategia del Gobierno. http://web. worldbank.org*

Bairoch, Paul (1975), *Revolución Industrial y Subdesarrollo. Los obstáculos económicos para el despegue de los subdesarrollados,* México, Siglo XXI, 3ª.

Barkin, David (1991), *La integración de México a la economía mundial,* México, Siglo XXI.

Block, Fred, 1977, *La elaboración de un orden económico internacional,* FCE, México.

Block, Fred, 1980, *Los orígenes del desorden económico internacional,* FCE, México.

Braun, Oscar, 1977, *Comercio Internacional e Imperialismo,* Siglo XXI, México.

Cárdenas, Enrique, 1996, *La política económica en México, 1950-1994,* FCE, COLMEX, México.

Castaingts, Juan, coordinador, s. a., *Posiciones frente a la crisis, Economía: Teoría y Práctica,* Número extraordinario, 1, UAM, México.

Ceseña, José Luis, s/a, *México en la órbita imperial,*

Castañeda, Luis y Estrada, Luis (1985), *La ciencia en México,* México, F.C.E.

Cohen, Benjamín (1984), *La organización del comercio en el mundo,* México, F.C.E.

Del Cueto Rubio, 1991, *Comercio Exterior de México.*

Dimock, Marshal, 1937, *The study of administration,* citado por Guerrero, 1981.

Duverger, Maurice, 1981, *Métodos de las Ciencias Sociales,* Ariel, México.

Ellsworth, P.T., 1975, *Comercio Internacional,* F.C.E., México.

Fajnzylber, F., Martínez, T., 1976, *Las Empresas Transnacionales. Expansión a Nivel Mundial y Proyección en la Industria Mexicana,* FCE, 15ª, México.

Fayol, Henry, 1970, *Administración Industrial y General,* Herrero, México.

Fisher, Estanley, Dornbusch, Rudiger y Schmalensee, Richard, 1988, *Economía,* 2ª, Mc Graw, México.

Flores, Edmundo, et. al., 1993, *Ciencia y tecnología en México,* CONACYT, México.

Green Rosario, 1998, *Lecciones de la deuda externa de México, de 1973 a 1997,* FCE, México.

Guerrero, Omar, 1981, *La Administración Pública del Estado Capitalista,* Fontamara, Barcelona.

Helleiner, G. K. 1975, *Comercio Internacional y Desarrollo Económico,* Madrid, Alianza.

Huerta G., Arturo, 1991, *Economía mexicana más allá del milagro,* Diana, México.

Jaguaribe, Helio, 1983, *La dependencia político económica de América Latina,* México, Siglo XXI.

Jiménez Castro, Wilburg, 1988, *Introducción al Estudio de la Teoría Administrativa,* México.

Jones, Graham, 1993, *Ciencia y tecnología en países en desarrollo,* México, F.C.E.

López Suárez, José Antonio, 1984, *Metodologías de investigación científica. Antología.* México, UAEM.

Kedrov y Spirkin, 1968, *La Ciencia,* México, Grijalbo.

Krugman, Paul y Obstfeld, Maurice, 1995, *Economía Internacional,* 3ª, Mc Graw, México.

Labastida, Jaime, 1978, *Producción, Ciencia y Sociedad: de Descartes a Marx,* Siglo XXI, México.

Lerma Kircher, A., 1992, *Comercio Internacional,* ECASA, México.

Lipsey, Richard, s/a, *Introducción a la Economía Positiva,* Vicens Universidad. Citado por Guerrero, 1981.

Lucas O. Ramón, 1974, *Organización Científica de las Empresas,* Limusa México.

Mercado, Salvador, 1986, Comercio Internacional: importaciones y exportaciones en México, México, Limusa.

Munch, Lourdes y Ángeles, Ernesto, 1988, *Métodos y Técnicas de investigación para administración e ingeniería,* Trillas, México.

Munch, Lourdes y García M. José, 1990, *Fundamentos de Administración,* Trillas, México.

Muñoz Amato, Pedro, 1957, *Introducción a la Administración Pública,* FCE, México.

Naciones Unidas (1990), *El papel de la ciencia y tecnología,* Nueva York, O.N.U.

Ortiz Galindo, Lourdes, 1985, *Glosario de Términos Administrativos,* EDUVEM, México.

Ortiz Wadgymar, Arturo, 1993, *Introducción al Comercio Exterior de México,* Nuestro Tiempo, México.

Pallán Figueroa, Carlos, 1982, *La enseñanza de la administración pública y el ejercicio profesional,* Pensamiento Universitario 52, CESU, UNAM, México.

Pffifner y Presthus, s/a, *Public administration.* Citado por Guerrero, 1981.

Piaget, Jean, 1973, *Psicología y Epistemología,* Barcelona, Ariel.

Puiggrós, Adriana, 1980, *Imperialismo y educación en América Latina,* Nueva Imagen, México.

Reyes Ponce, Agustín, 1988, *Administración de Empresas, Teoría y Práctica,* Limusa, México.

Rodas Carpizo, A., 1987, *Administración Básica,* Limusa, México.

Rubio, Luis, 1992, *¿Cómo va a afectar el TLC a México?,* FCE, México.

Ruiz Dueñas, Jorge, 1984, *La empresa pública y los procesos de estabilización económica,* Praxis 61, INAP, México.

Sachs, Jeffrey y Larrain, Felipe, 1993, *Macroeconomía,* Prentice Hall, México.

Samuelson, Paul, y Nordhaus, William, 1995, *Economía,* Mc Graw, México.

Schneider, Erich, 1972, *Balanza de pagos y tipo de cambio,* España, Aguilar.

Sepúlveda, Bernardo, et. al., 1973, *La inversión extranjera en México,* México, F.C.E.

Sepúlveda, Bernardo, et. al., 1977, *Las empresas transnacionales en México,* México, Colmex.

Schettino, Macario, 1994, *Tratado de Libre Comercio,* Iberoamericana, México.

Simon, Herbert, 1968, *Administración Pública,* Letras, México.

Taylor, Frederick W., 1987, *Principios de la Administración Científica,* Orois, Barcelona.

Terry George, 1981, *Principios de Administración,* Cecsa, México.

Torres Gaytán, Ricardo, 1979, *Un siglo de devaluaciones en México,* Diana, México.

Universidad Autónoma Metropolitana, UAM Azcapotzalco, *Plan de Estudios de la Licenciatura en Administración,* México.

Uvalle Berrones, Ricardo, 1982, *La formación pública capitalista, diferencias entre la administración pública y la privada,* UNAM, México.

Varios Autores, 2005, *Diccionario de Política y Administración Pública,* Colegio de Licenciados en Ciencias Políticas y Administración Pública, México.

Varios Autores, 2009, *Diccionario de Administración y Finanzas,* Océano, Barcelona.

Willoughby, William, 1947, The goberment of modern states. New York, Appleton-Century Crofts.

Zorrilla, Santiago, 1994, *Diccionario de Economía,* Limusa, México.

PUBLICACIONES PERIÓDICAS.

Acevedo, Luis, 1997, **Intensa apertura mercantil, exigen BM-FMI, a Latinoamérica,** México, D.F., 2 de julio, *El Financiero,* p. 30.

Aguilar Valenzuela, Rubén, 2010, **La pobreza extrema en México,** *El Economista,* México, 5 Marzo, 2010.

Arroyo, Rosa E., 1995, **Duplicar rendimientos para mantenerse en pesos exigen capitales extranjeros,** El Financiero, México, D.F., enero 5, p. 6.

Becerril, Isabel, 1997, **"México, décima economía exportadora en el mundo: Secofi."** *El Financiero,* México, D.F., 2 de diciembre, p. 17.

Becerril, Isabel 1998:a, **Déficit comercial, principal riesgo para la economía,** México, D.F., 29 de agosto, *El Financiero,* p.11

Becerril, Isabel, 1998:b, **Crecen la dependencia y la vulnerabilidad de la industria,** México, D.F., 7 de septiembre, *El Financiero,* p. 18.

Becerril, Isabel, 1998:d, **Discrepancia en torno al rumbo económico; avala la IP el modelo,** México, D.F., 3 de septiembre, *El Financiero,* p. 10.

Benavides, C., Gazcón, F. y Becerril, I., 1999, **Básico en control de la inversión especulativa,** *El Financiero,* México, D.F., marzo 23, p. 1ª.

Benavides, Carlos, 1999, **Pide IP imponer candados a capital especulativo,** "Las naciones deben evitar ser gobernadas desde Wall Street", *El Financiero,* México, D.F., marzo 23, p. 5.

Cano, Araceli, 1998, **Organización empresarial, salvavidas competitivo,** México, D.F., 7 de septiembre, *El Financiero,* p. 46.

Carrillo, Lilia (1998), **"De julio a diciembre, déficit de US 1,560 millones",** El Economista, México, D. F., 20 de febrero de 1998, p. 33.

Cepal, 1999, **Crisis financieras sin control,** El Financiero, México, D.F., marzo 26, p. 9. "Las instituciones financieras internacionales no han sido capaces de enfrentar las crisis económicas actuales en el mundo."

El Financiero, 1997, **Creció 92.7% anual el superávit en cuenta corriente de Japón, en un año,** México, D.F., 12 de junio, p. 14A.

El Financiero, 1997, **Prohibir la exportación de petróleo en el 2000, aconsejan a México,** México, D.F., 15 de agosto, p. 27.

El Financiero, 1998:a, **Sobrevaluación cambiaria, origen de la crisis mundial,** México, D.F., 29 de agosto, p.15.

El Financiero, 1998:b **Primer inversionista que gana mil millones de dólares en menos de un mes,** México, D.F., 22 de agosto, p. 7.

El Financiero, 1999, **Crisis financiera global latente, alerta Summers,** México, D.F., marzo 16, p. 1ª. Lawrence Summers, Secretario del Tesoro norteamericano.

Estevez, Dolia, 1995, **Apretón fiscal exige el FMI,** México, D.F., 3 de febrero, *El Financiero*, p. 1ª.

Flores, Gerardo, 1998, **De 6 803 mdd, el déficit comercial, En 107 mmdd, el valor de exportaciones en los 11 meses del año,** *El Financiero*, México, D.F., diciembre 23, p. 12.

Flores, Gerardo, 1998:a, **Fallan maniobras de Banxico para detener la devaluación del peso,** México, D.F., 29 de agosto, *El Financiero*, p.6.

Flores, Gerardo, 1998:b, **Las medidas de Banxico aminoran los embates del exterior: Gurría,** México, D.F., 29 de agosto, *El Financiero*, p.3.

Flores, Leonor, 1998, **Urge un nuevo sistema financiero internacional. Especuladores se apoderan de los mercados,** *El Financiero*, México, D.F., agosto 22, p. 6.

García, Cristobal y Villalpando, Rubén, 1999, **Aumenta 93% la migración que busca ir a EU,** *La Jornada*, México, D.F., marzo 27, p. 48.

García, Tonatiuh, 1999, **Niveles de volatilidad sin precedentes en los mercados financieros en los últimos 20 años: INM,** *El Financiero*, México, D.F., marzo 31, p. 16.

Gómez, Salgado, 1998:a, **Aumenta 300% el número de mexicanos en extrema pobreza debido al modelo zedillista. Más de 26 millones de indigentes,** México, D.F., 2 de septiembre, *El Financiero*, p. 2.

Gómez, Salgado, 1998:b, **México, directo a una debacle: académicos,** México, D.F., 3 de septiembre, *El Financiero*, p. 10.

González Amador, Roberto, 2011, **Aumentaron 79% las inversiones y depósitos de mexicanos fuera del país.** *La Jornada*, 26 de febrero, p. 29

González Pérez, Lourdes, 1994, **Requerirá el gobierno 3 mil mmd para financiar el desequilibrio comercial de 94: exportadores,** en *El Financiero*, México, D.F., 24 de julio, p. 32.

González, Lourdes, 1995, **Exportadores reconocen "su parte" de culpa,** en *El Financiero*, México, D.F., 12 de marzo, p. 8.

González, Víctor y Flores, Gerardo, 1997, **Depender exclusivamente del ahorro externo, el verdadero error: Ortiz,** en *El Financiero,* México, D.F., 2 de marzo, p. 1ª.

Guadarrama, Jesús, 1995, **Nulo avance tecnológico de las empresas mexicanas,** en: *El Financiero,* México, D.F., 16 de marzo.

Howard, Georgina, 1997, **Feroz competencia por los flujos de capital,** *El Financiero,* México, D.F., septiembre 2, p. 18.

Howard, Georgina, 1999, **No se ha disipado el riesgo de una crisis sexenal, advierten corredurías,** *El Financiero,* México, D.F., marzo 23, p. 7. "Peligroso, el desequilibrio en cuentas externas."

Jardón, Eduardo, 2011. **Histórica entrada de inversión de cartera,** *El Financiero,* México, D. F. Jueves, 26 de mayo. Consultado en línea el 5 de Julio. *biblioteca.iiec.unam.mx/index.php?option=com*

Jiménez, Bernardo, 1998, **Países emergentes, en las "garras" de especuladores. La globalización, su mejor aliada,** *El Financiero,* México, D.F., agosto 22, p. 7.

Juan Antonio Zúñiga, 2010, **La deuda externa total asciende a casi 168 mil mdd, reporta Hacienda.** *La Jornada,* 3 de septiembre, p. 29

Mayoral Jiménez, Isabel, 1998, **Presente, el fantasma de una devaluación: analistas. El escenario está listo para otra crisis sexenal.** México, D.F., 5 de agosto, *El Financiero,* p.6.S

Mayoral, Isabel y Piz, Felipe, 1997, **Bajar los réditos para moderar la entrada de capitales, recomiendan corredurías,** en *El Financiero,* México, D.F., 21 de julio, p. 6.

Muñoz Ríos, Patricia, 1995, **El déficit de la balanza comercial mexicana, superior al de toda AL,** *La Jornada,* México, D.F., 6 de febrero, p. 39.

Navarrete, Rodolfo, 1997, **¿Es de carácter permanente el ingreso de recursos del exterior?,** México, D.F., 30 de junio, *El Financiero,* p. 8.

Pérez, Mónica, 1998, **"Agresiva acumulación de reservas en 1977; superó 4 veces la meta prevista",** en *La Crónica,* 7 de enero, p. 20.

Piz, Felipe, 1997, **Peso Reincidente,** en *El Financiero,* México, D.F., 30 de julio, p. 8.

Rodríguez López, Leticia, **"Peligran las finanzas públicas...",** *El Financiero,* México, D.F., 21 de febrero de 1998, p. 3.

Sánchez, M. y otros, 1995, **Empresas paralizadas por la devaluación,** México, D.F., 22 de enero, *El Financiero,* p. 10.

Sandoval, Antonio, 1997, **Bancos de California y Texas Concentran Cuentas de Mexicanos,** *El Financiero,* México, D.F. diciembre 16, p. 1.

Sandoval, Antonio, 1997, **Cumplió el BM con su programa monetario,** en *El Financiero,* México, D.F., 7 de agosto, p. 3A.

Sandoval, Rafael, 1998, **Cerrará México el año con deterioro importante en indicadores claves de la balanza de pagos,** "El desequilibrio en la cuenta corriente llegaría a poco más del 4% del PIB, nivel que no se veía desde la crisis de 1994.", *El Financiero,* México, D.F., diciembre 18, p. 3A

Tristán, Georgina, 1995, **Superávit en la balanza comercial de México por más de tres mil 500 mmd para 1995,** en *El Financiero,* México, D.F., 10 de marzo, p. 21.

Vanegas, Rodrigo, 1998, **Política cambiaria, la mejor arma para asegurar el crecimiento. El Banco Central intervino 15 veces con ventas directas de dólares.** México, D.F., 29 de agosto, *El Financiero,* p.7.

Varios autores, 1994, **"Empresa y la crisis actual en México",** en: *Revista Gestión y estrategia,* Departamento de Administración, UAM, Azcapotzalco, México, D.F. No. 5.

Varios autores, 1996, **"Globalización, efectos en la administración",** en: *Revista Gestión y estrategia,* Departamento de Administración, UAM, Azcapotzalco, México, D.F. No. 9.

OTRAS FUENTES CONSULTADAS.

Asociación Mexicana de Importadores y Exportadores de la República Mexicana, **ANIERM,** http://www.anierm.org.mx/es/default/home

Banco de México, **BdeM,** http://www.banxico.org.mx/

Banco Mexicano de Comercio Exterior, **BANCOMEXT,** http://revistas.bancomext. gob.mx/rce/sp/index_rev.jsp

Banco Mundial, **BM,** http://web.worldbank.org

Consejo Nacional de Evaluación de las Políticas de Desarrollo Social, **CONEVAL,** http://www.coneval.gob.mx/cmsconeval/rw/pages/index.es.do

Instituto Nacional de Estadística, Geografía e Informática, **INEGI,** Estadísticas Históricas de México. http://www.inegi.org.mx/

Sistema de Información Empresarial Mexicano, **SIEM.** http://www.siem.gob.mx/siem